読書は1冊のノートにまとめなさい

完全版

奥野宣之
Okuno Nobuyuki

ダイヤモンド社

身近な情報から読書につなげる

本に結びつく情報は日常のさまざまな場面に潜んでいる。
それらを集めることでテーマは広がり、深まっていく。

本に関する情報は周囲にたくさん転がっている

新聞や雑誌で気になったテーマや知識は何でも１冊に収録していく。これで読書の幅が広がり、自分が本に求めていることがわかるようになる。

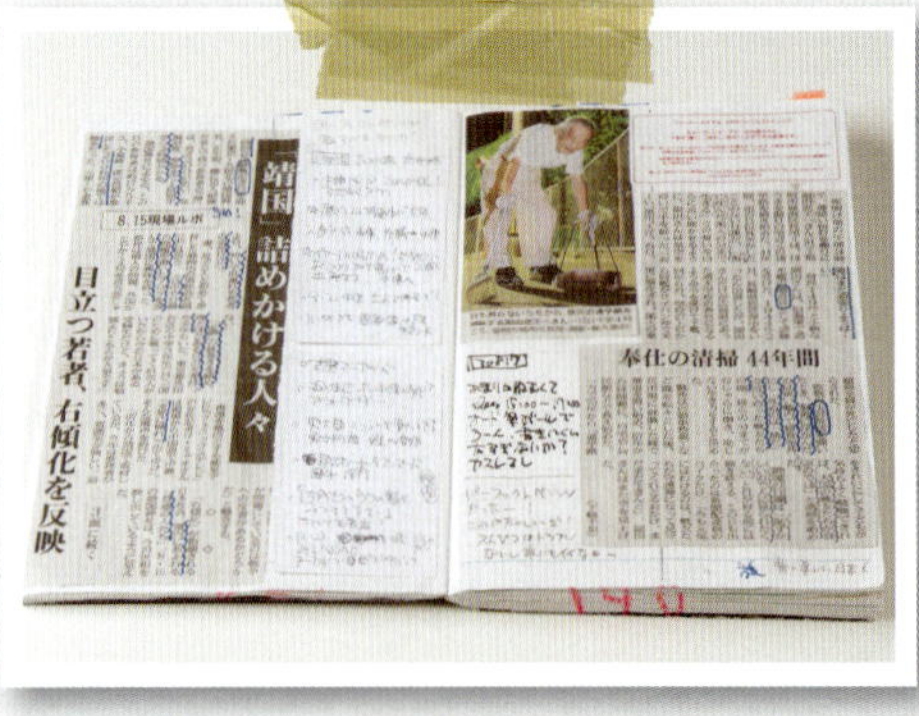

記事に対する自分の感想を書く

「これは」と思った言葉にはマーキングして自分のコメントを書き残す。あとで読み返したときに発見することも。

旅ノートを読書に活かす

旅行のノートだが、読書にも役立つ。体験を足がかりに本を読み、本をきっかけに過去の体験をふり返る。

ノートは縦にも使える

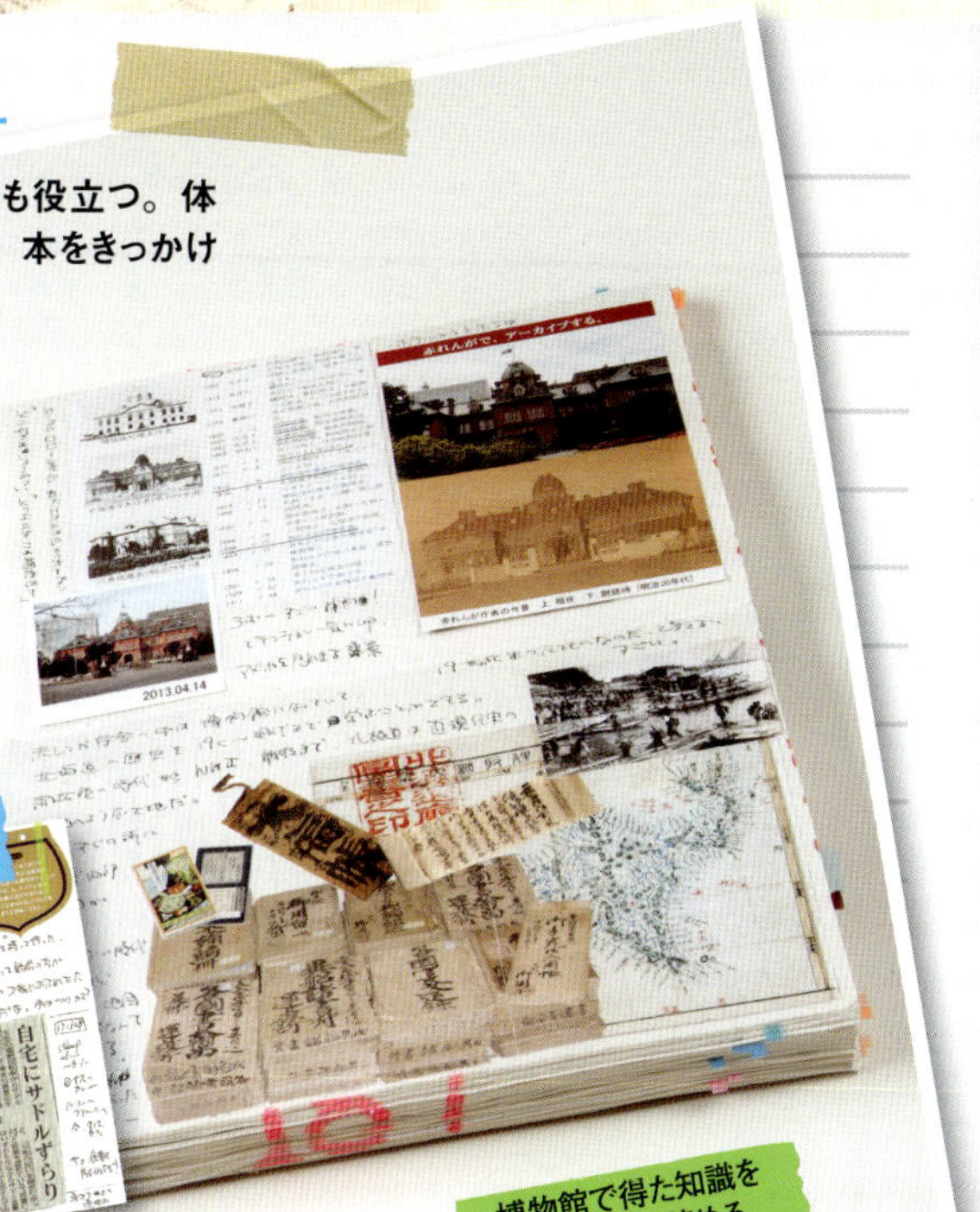

日常生活の記録も読書の背景情報に

博物館で得た知識を使って本が読める

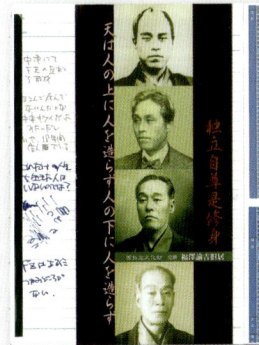

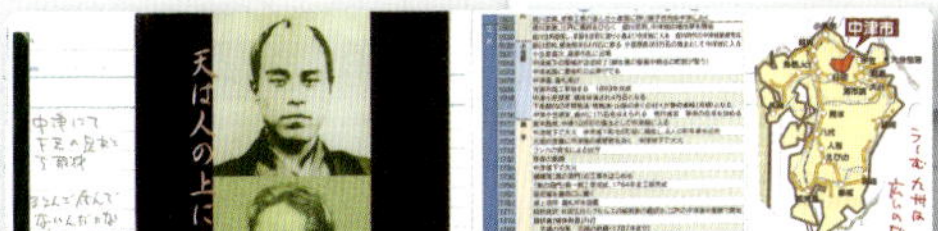

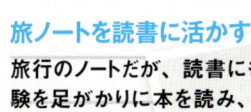

ミュージアムのパンフレットも貴重な読書資料だ。

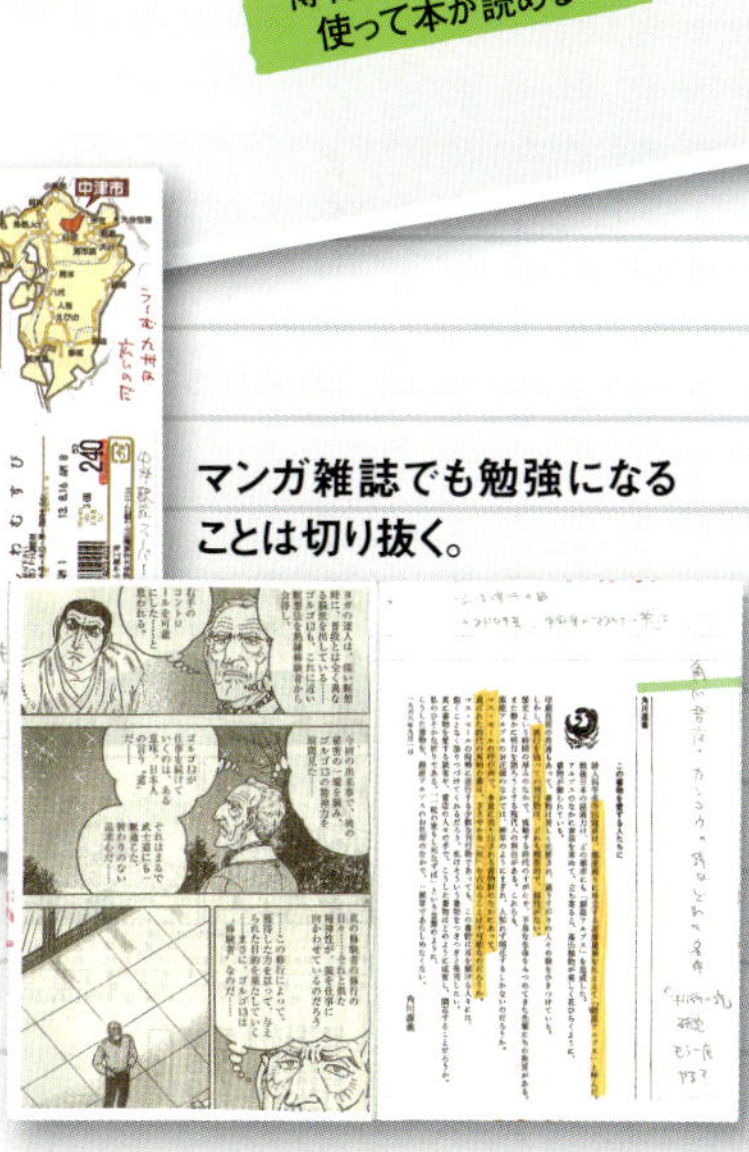

マンガ雑誌でも勉強になることは切り抜く。

「読んだ証」を手間をかけずに残す

読書ノートは続けることに意味がある。
まずは、貼ることから始めてみよう。

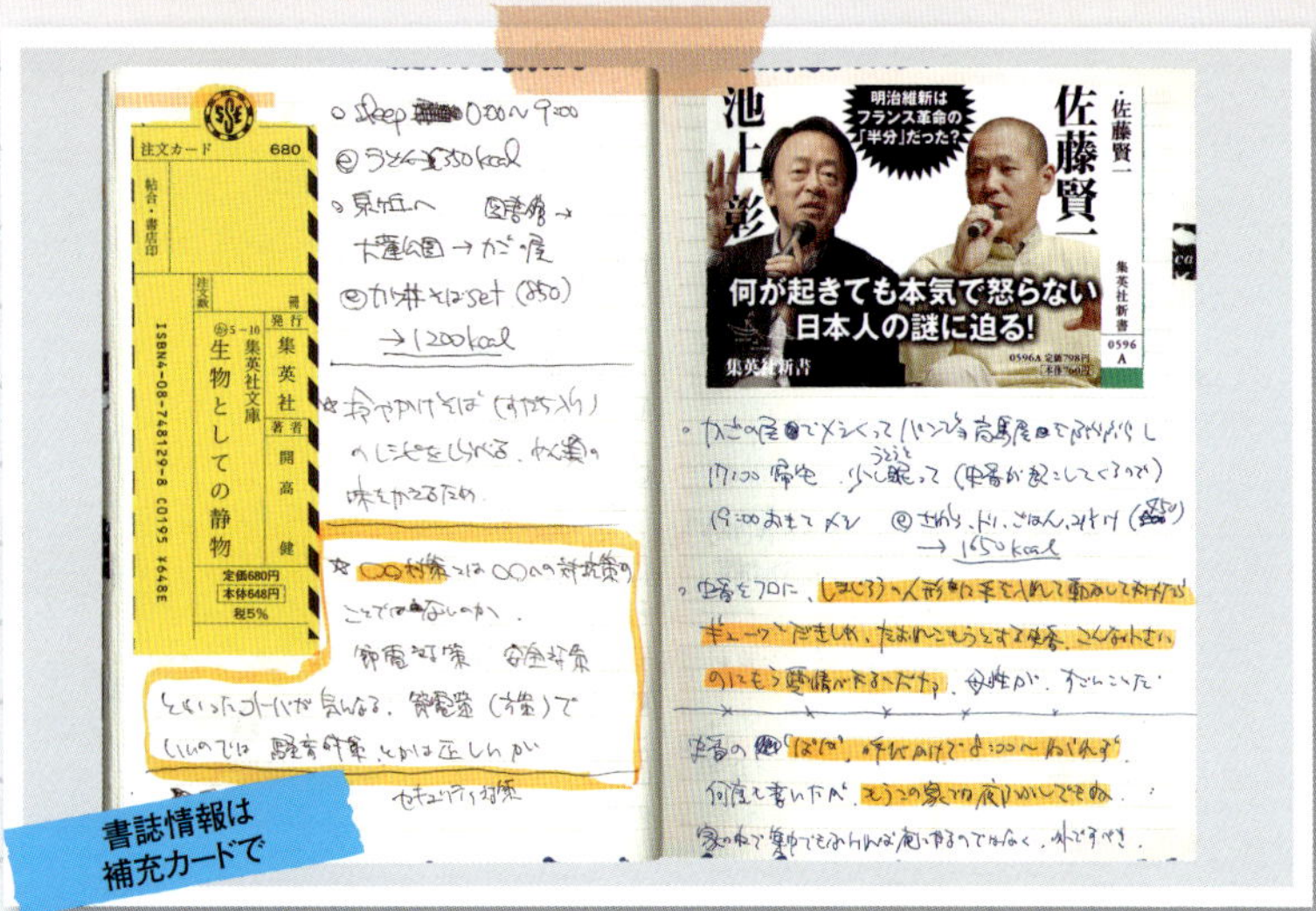

シンプルな読書体験の記録

本の帯（右上）、補充カード（左端）など、手軽に読書体験を残すために、使えるものは何でも使う。貼るとついでに何か書くという効果も。

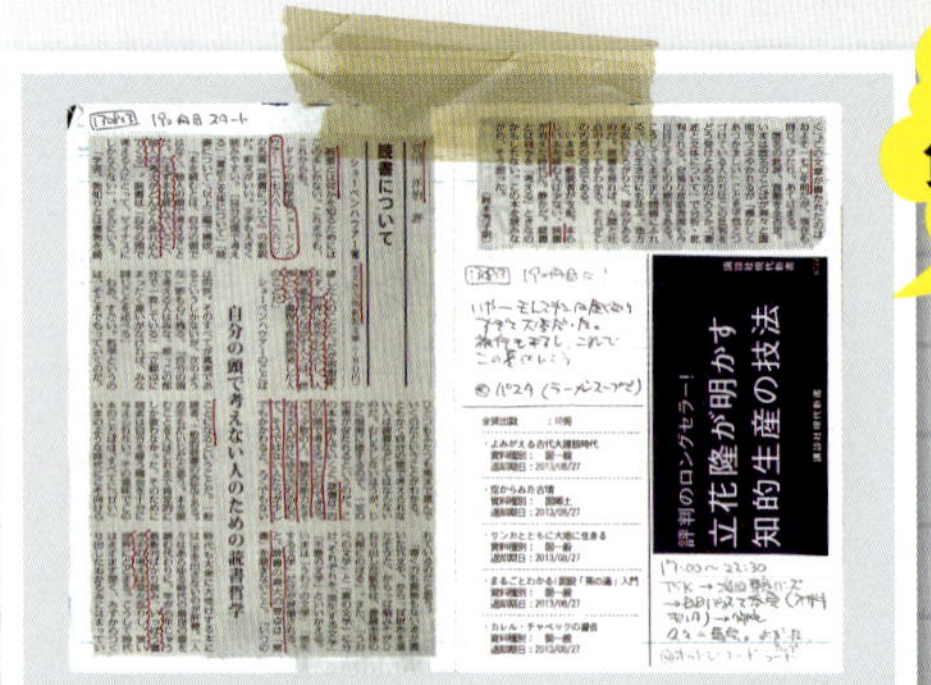

図書館の
貸し出し記録も

手元の読書記録は何でも貼る

読んだ本の新聞書評や図書館の貸し出し記録もノートに貼っておくと読書遍歴がわかる。

モノグサでも続けられる!
帯だけのスクラップでもいい

読んだ本の帯を貼ってコメントを書く

帯はビジュアル化された本の要旨。ノートに貼るだけでも、自分の読書遍歴を残してふり返ることができる。

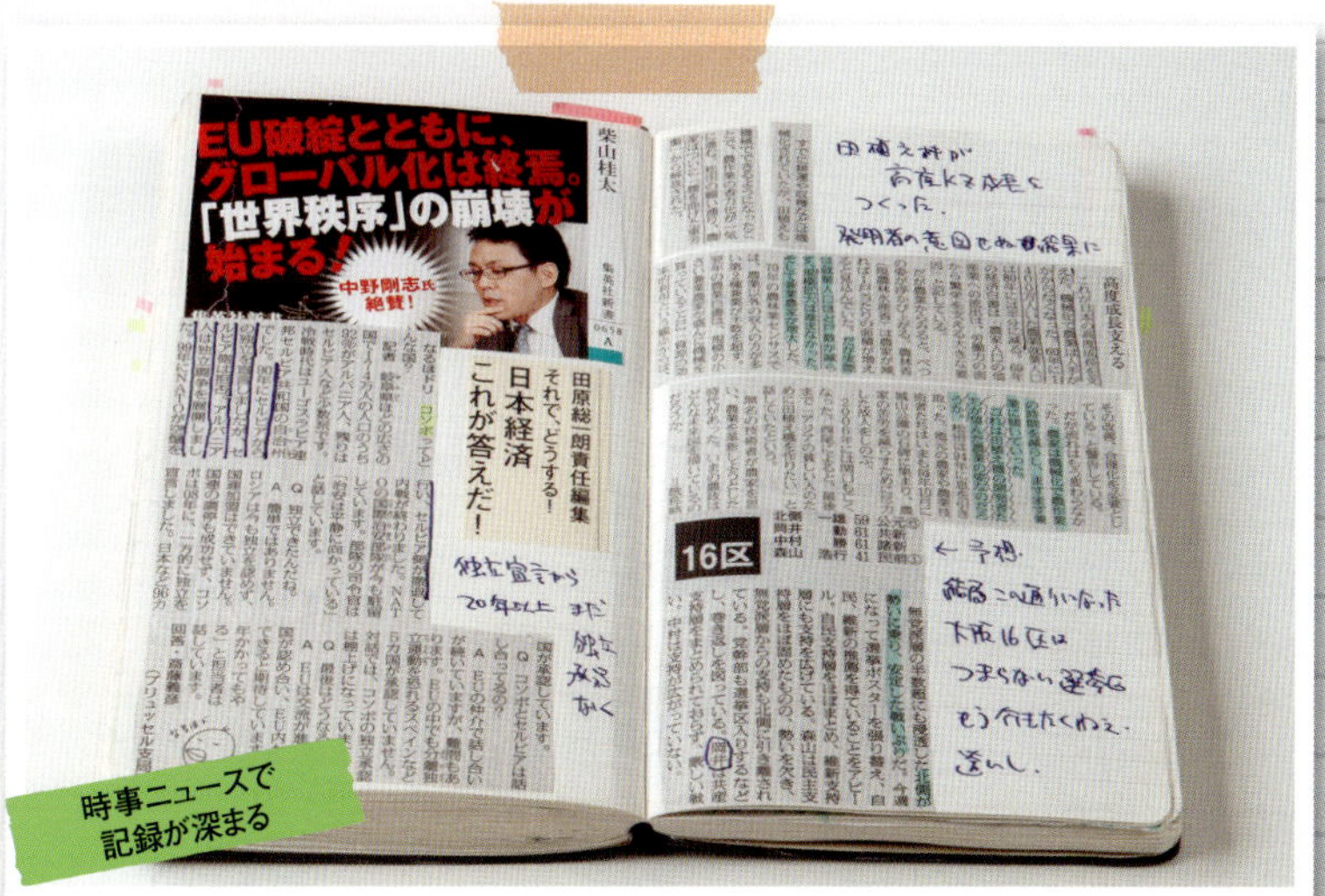
時事ニュースで記録が深まる

寝かせた情報が本につながる

気になるニュースをストックしていると「関係する本はないか」という発想につながる。記事とセットで読んだ本の帯が貼れると、さらにわかりやすい。

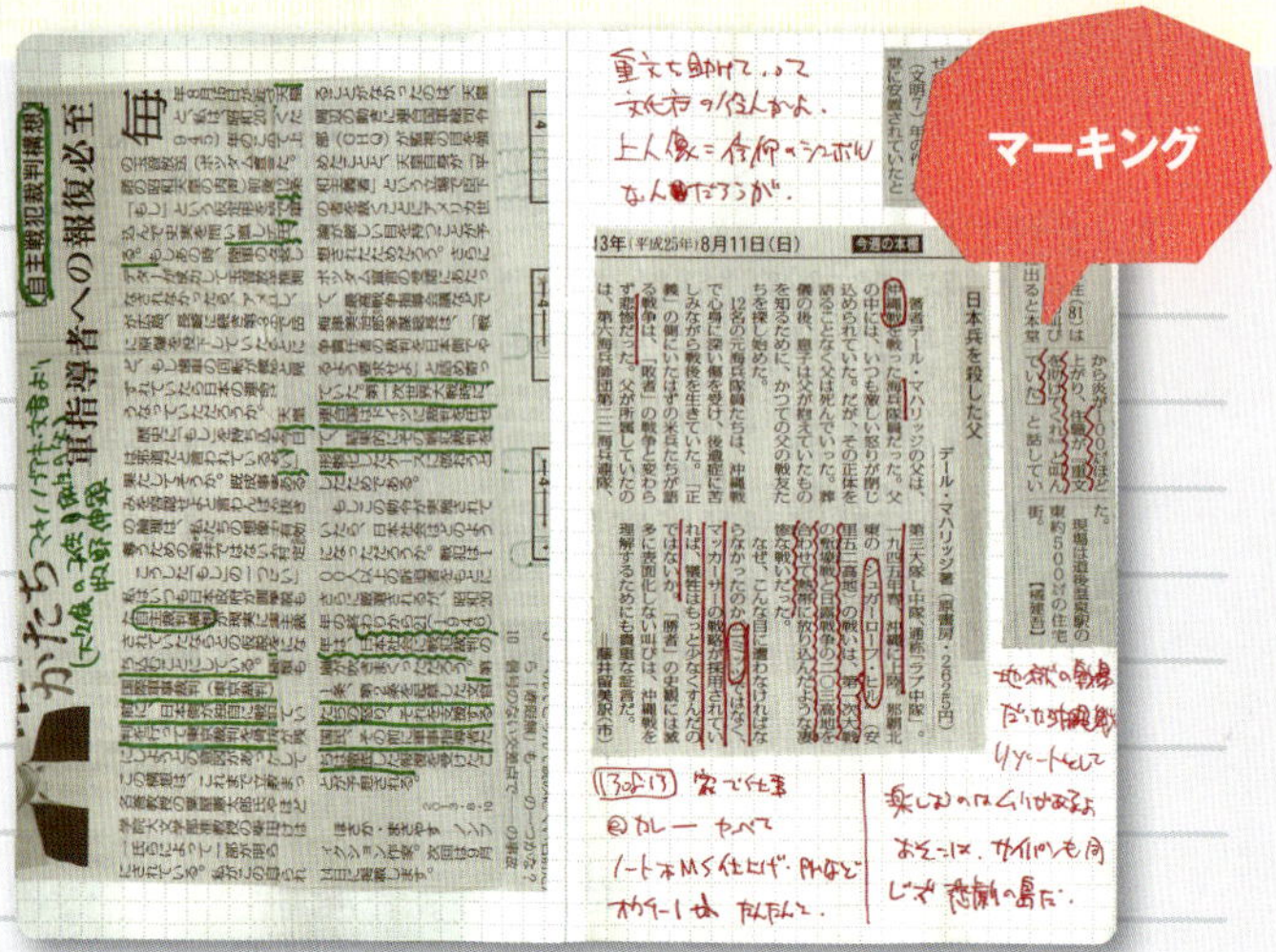

繰り返し読み込むための印づけ

書評はマーキングしながら繰り返し読み、その本を読み終わったらさらに読み返す。自分の感じ方や、思考の変化がよくわかる。

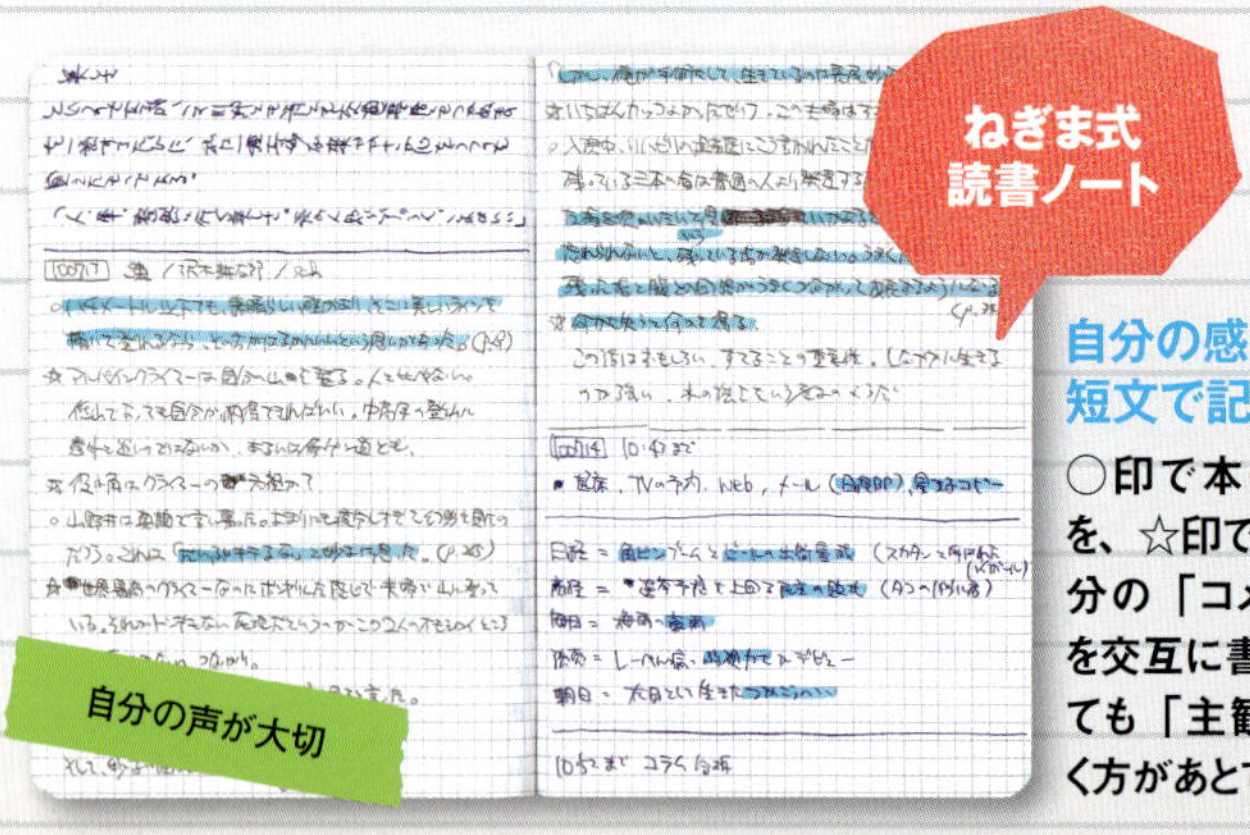

自分の感じ方を短文で記す

○印で本の「抜き書き」を、☆印でそれに対する自分の「コメント」（感想）を交互に書いていく。短くても「主観」を入れておく方があとで使える。

読書体験を確実に財産にする

単なる情報の摂取ではなく、本の内容を血肉化するために、自分の頭で考えざるを得なくなるような仕組みが大切だ。

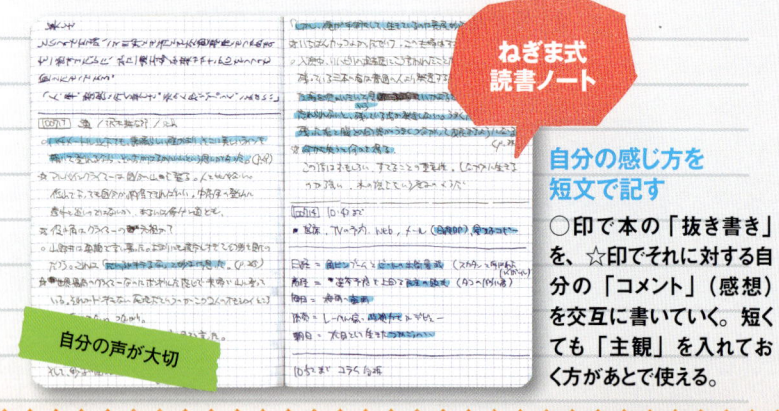

血肉化するための記録法

要約するより「抜き書き」、自分にとって価値ある「一文の抽出」、自分の意見との比較や新しい視点を得る「新聞書評活用」など。

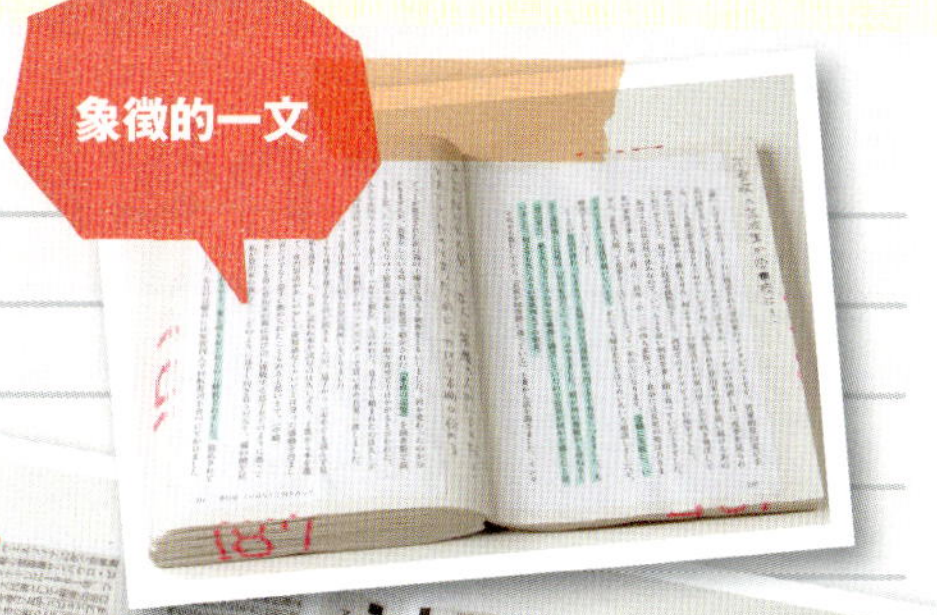

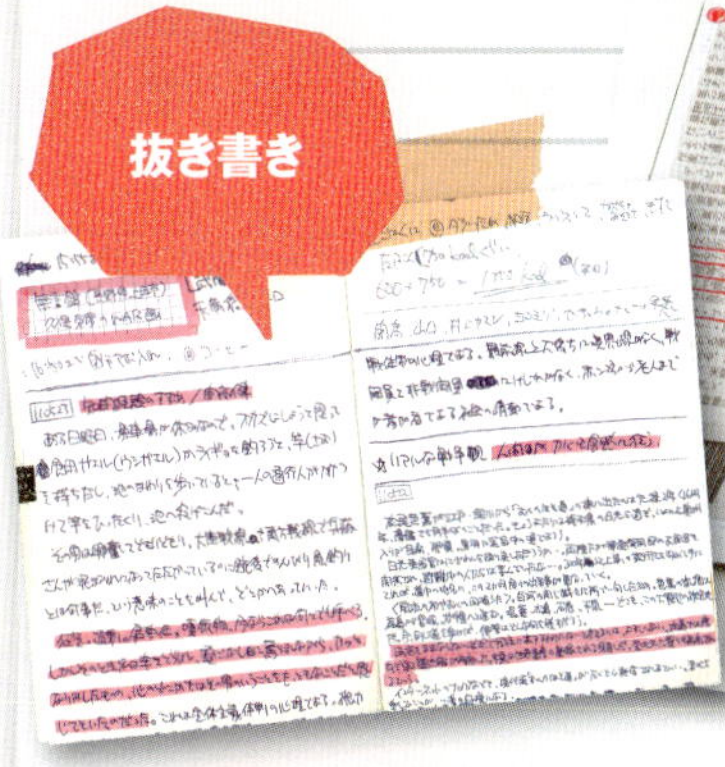

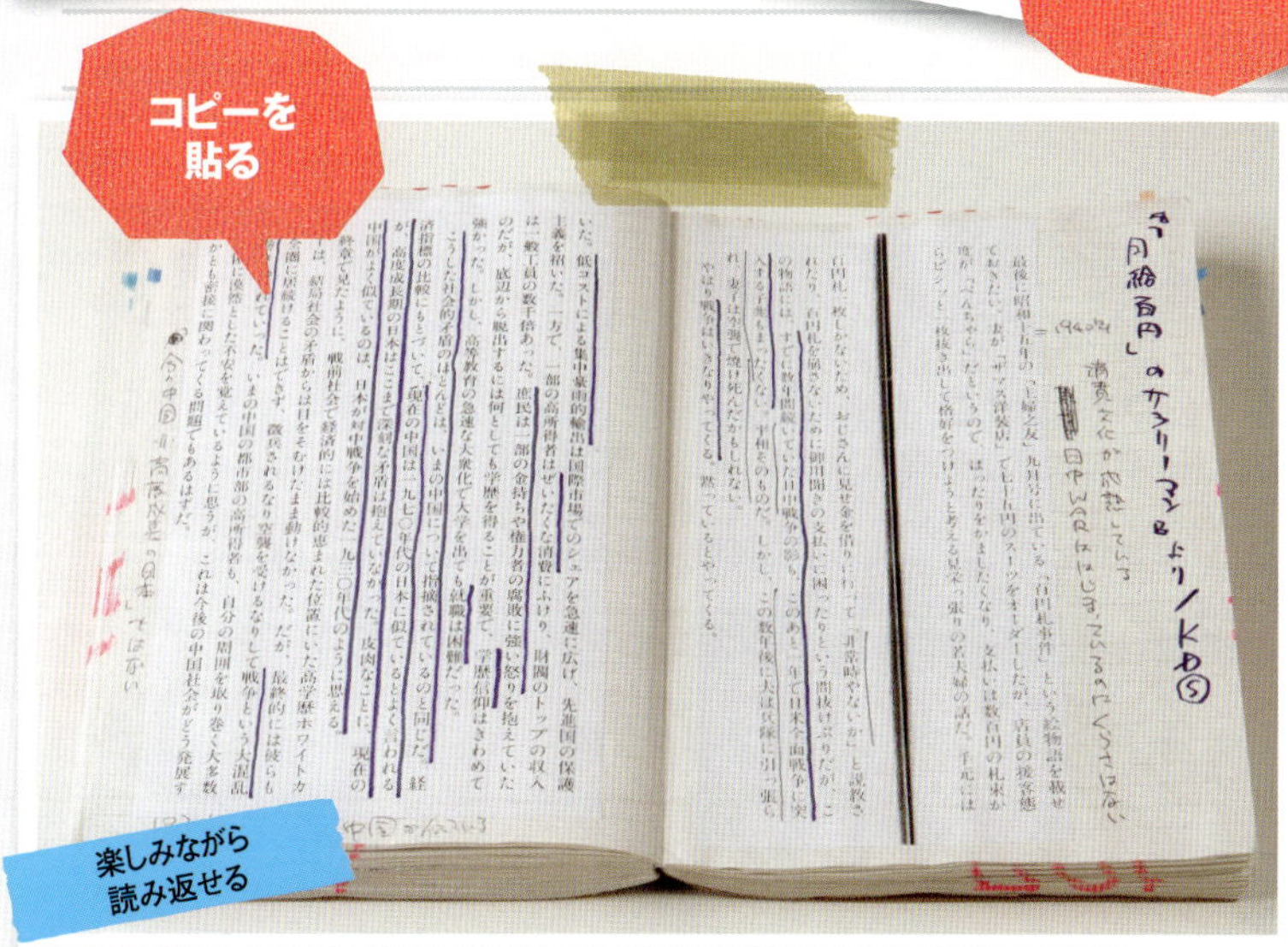

本を直接コピーしてノートに貼る

本文のコピーを貼ったもの。サインペンでマーキングし、後日、黒ボールペンで感想を書き入れている。ペンを替えることで、どのくらい読み返したかがわかる。

ノートを読み返して自分をつくる

本の内容を自分の手足のように使いこなせるまで、読書ノートを読み返そう。参照するためのテクニックを紹介。

マスキングテープで「検索用ツメ」をつくる

読書ノートの書かれたページにツメを付け、それに対応させて、ノートの見返しにインデックスを書く。ツメの部分に指をかけて開くと、本のタイトルの読書ノートにジャンプする。

小口を塗りつぶし、インデックスで検索する

フェルトペンでページの端を塗りつぶし、インデックスを付ける。ノートを折り曲げると、塗りつぶした部分がインデックスと対応する。検索機能を付けると自分の読書傾向もつかめてくる。

本の印象的なフレーズのコピーを表紙に貼る

「これだけは」という文章は、コピーしてノートの表紙に梱包テープで貼る。繰り返し目につくので、自然と何度も目にして頭に入る。

完全版の刊行にあたって

本書は、二〇〇八年に刊行した『読書は1冊のノートにまとめなさい』のリニューアル版です。刊行にあたって、旧版の刊行後に始めた読書の新しい工夫や具体的な読書ノートの活用事例を追加したほか、文章全体を読みやすく書き直しました。

読書というのは技術です。

毎日当たり前にやっているから、気がつかないものの、少しずつうまくなっていく。

このことは睡眠や歩行に似ています。どちらも何の技術も要らないようですが、赤ん坊や幼児にはうまくできません。

人は、気が遠くなるような実践を経て、寝ようと思ったときに入眠できるようになり、転ばず疲れにくい歩き方を身につけます。そして、大人になってもまだその訓練は続いているのです。

僕の読書も日々、発展途上にあります。

旧版の刊行当時とやっていることは変わりませんが、毎日少しずつ、読書のコツをつかんでいます。そこで、本書では新たに習得した読書の工夫を追加しました。

また、旧版はページ数の都合もあり、読書ノートの中身やその活用事例を具体的に紹介することができませんでした。その結果、やや抽象的で、読書ノートに慣れ親しんだ人にしか伝わりにくい記述も多かったように思います。

本書では、その反省を踏まえ、ノートを使った読書生活というものを、僕の実体験を踏まえて可能な限り具体的に書くことにしました。

旧版の反響で多かったのが、「特に目新しい方法ではないが、実際にやってみると効果的で驚いた」というものです。何十年と本を読んできたベテランの読書家からも「自分の読書には意外とこういう工夫が欠けていたと気づいた」という手紙をいただきました。

こうした反響を思うと、この本に書いていることは結局、

「労力をかけると、身につく」

ということなのではないかと、著者自身、本を出してから発見しました。

誰でも、小学生のころは、漢字を何度も繰り返し書いて手に覚えさせたり、同じような計算問題を何百回も解いて頭にたたき込んだり、九九や公式が自然に出てくるまで何度も暗唱したりしたものです。

しかし、大人になると、こういったことをまったくしなくなります。まして現代では、IT技術によって、簡単なメモすらしない人も多い。情報の記録と参照という点では、ポケットにスマートフォンを入れておけば済むわけです。

僕自身、そういったライフスタイルになりがちなのですが、やはり「苦労しないと身につかない」は、真理だと思うのです。

たとえば、ある本の一節をノートに書き写すのに三〇分かかるとしましょう。これをスマートフォンで撮影すれば、一分で検索可能な文字列として永久に保存できます。

では、スマートフォンを使うことで効率が三〇倍になったのでしょうか?

違うと思います。

仮に、スマートフォンを使うことで三〇分の間に三〇冊の本の情報を保存することができたとしても、三〇分かけて一冊の本を書き写した方がいい。

これは実際に両方ともやってみた上での結論です。

理由は、本の中身はスマートフォンに入るけれど、頭には何も入らないからです。この本のキーワードを使うなら**「血肉にならない」「財産にならない」**のです。

対して、書き写せばすべては頭に入らなくても、一つの文、一つの言葉、書き手の言語感覚や思想が、手で書いたときの身体感覚とともに、頭と身体に刻み込まれるでしょう。

これは時代遅れな考えかもしれません。しかし、手書きが好きか嫌いかでなく「読書ノートの効果」というものを考え抜くと、このような結論になるのです。

やや話が先走りました。本編はもっとノウハウに特化した話になっているので、まずは何も考えずに読み始めてみてください。

みなさんの読書生活が、より豊かになることを期待しています。

はじめに

「読みっぱなし」は読んでいないのと一緒

あなたは、これまで読んだ本のことをどれだけ覚えているでしょうか。

たとえば、よく人に聞かれる座右の書。「これは学生のころに読んで、ためになったよ」という以外に、どんなことが言えるでしょう。

次のような問いに答えることができるでしょうか。

・どんなことが書かれていましたか？
・特に気に入ったくだりは？
・どんな影響を受けましたか？

・どういった点がすぐれていましたか？

あらためて考えてみると、なかなか難しいと思います。

では、覚えていないのは仕方ないとしても、感想の走り書きやメモなどは残っているでしょうか。また、これと似たようなケースで、こんな思いをしたことはありませんか。

「この本は以前に読んだはずだけれど、どんなことが書かれていたか、ほとんど何も覚えていない……」

僕は、記憶力があまりよくない方です。実際に足を運んだりして体験したこととなると、それなりに覚えているものの、人の名前や地名、読んだ文章となると、何度聞いても覚えていられません。読んだ本のこともすぐ忘れる。

だから、本の内容を覚えていない、または内容が頭に入った気がしないことについて、ずっと前から問題意識を持っていました。

読んだのに残らない。それは、読んでいないのと同じではないか、と。

「いい本だったけれど、あまり身についた実感がない」

「読んだそばから、どんどん忘れていくような気がする」

「読みっぱなしで本の山が増えるだけ。全然活用できていない」


こういったことを以前から、ぼんやりと悩んでいたのです。

誰でも、少しは心当たりがあるのではないでしょうか。

一方で、次のような考えもまた浮かんできます。


「全部を忘れたんじゃない。きっと何らかのエッセンスが自分に影響を与えているはずだ」


一〇〇のうち、一か二でも残ればいいと割り切って考えるわけです。残りの九九だって、一度は頭を通過しているのだから、何かのきっかけがあれば呼び覚まされるかもしれない。「そういえば何かで読んだ」「こんな話があった気がする」と。

しかし、昨日の食事すら、すんなりとは思い出せないのが人間というものです。にもかかわらず本だけは、「エッセンスが残る」というのは、どう考えても無理があるような気がします。

それに、一〇〇のうち一や二では、いくらなんでも効率が悪すぎますね。身銭を切って買った本なのだから、一〇〇や九〇とは言わないものの、一〇から三〇くらいは身になってほしい。

こんなことを考えながら本を読んでいて、いつしか僕は、こう考えるようになりました。

「『エッセンスが残る』は、こうあってほしいという願望にすぎない。安心するための方便であり、ご都合主義だ」

ましてや長年本を読んでいると、苦労して読んだ本なのに、一〇〇のうち一か二ですら残っていないこともままあります。

——読んだけれど、読んでいないのと同じ。

読みっぱなしで頭に残らない読書は、いくらやっても無駄なのです。

必要なのは「取り入れる技術」

では、どうすれば「読みっぱなし」をやめて、読んだ本のことを頭に残すことができるのでしょうか。

読んだ本の内容を、なるべく忘れないように、自分の血や肉としていきたい。

本の情報をきちんと体に落として、読書を楽しみながら自分をつくっていきたい。

そのためには、具体的にどうすればいいのか。

本書はそういった問いに答えるために書かれました。

昨今、書店には、たくさんの読書術の本が並んでいます。多読、速読、乱読、併読、遅読……と紹介されている方法論もさまざまです。どれも一理あるとは思います。

しかし、もっとも忘れてはいけない基本的な読書の目標とは、

「一冊一冊から、きちんと自分なりに何かを学ぶ」

ということではないでしょうか。

月に何冊以上読むとか、一冊を何十分で読むとかいったことは、この目標の前ではどうでもいいことです。

さらに、ただ読んで学んだことが何年か残るだけでなく、もっと何十年も頭の中に残っ

て発酵を続け、何かを体験した拍子に思い出して、心が動かされる。またその本を読み返してみたくなる。

このような「本との深い付き合い」ができれば、理想的でしょう。

より速く本を読むことを目指してトレーニングしたり、月に何万円も本を買って乱読したり、ロジカルな思考能力を鍛えたり、といったことは、それからでも遅くありません。

それより、**自分が今求めていることに応えてくれそうな本を、一冊一冊しっかりと選ぶ。そしてその一冊と真摯に向き合い、本から学ぶ努力を重ねる。**

この方が賢明ではないでしょうか。

さて、単純に読んだ情報を頭に残したいなら、何度も繰り返し読むとか、声に出して読み上げるという手もあります。短時間でより多くの情報を頭に入れたい場合、一度により多くの文字情報を目から取り入れるというような速読の方法もあります。

けれど、そのようなリーディングの技術はどうしてもハードルが高い。高額な代金を支払ってセミナーに参加しても、実行できている人はごくわずかです。

この本で紹介する方法は、そうした特別なリーディングの技術とは一線を画しています。

最新の脳科学とかフィジカルなトレーニングとも無縁な、誰にでもできる「普通の方法」です。

しかし、この方法なら、今すぐにでも手にした一冊と濃密な関係を築き、確実にリターンを得ることができます。

また、この読書術は、単に読んだ内容を記憶するのとも違います。**本から得た知識を「知恵」へと変化させ、自分の手足のように使いこなせるようにするのです。**

大げさに聞こえるかもしれませんが、やり方は、読書の基本中の基本と言ってもよいものです。それ故に誰でも実践でき、確実に効果が得られるのです。

ノートで本を自分の血肉にする

なぜこの方法が簡単なのかというと、使うのが**ノート一冊**だけだからです。

どこにでも売っているノートをフル活用して、読みたい本を探したり、読み進めたり、読んで発見したことを書き留めたり、蔵書を読み返したりといった読書生活のすべてをマネジメントしていきます。

複雑なことは一切ありません。簡単に言えば、

・自分がどんな本を買って読み
・本のどの部分に注目し
・何を思ったか

をノートに残していく。

そして、それを保存し、折にふれて読み返すという仕組みをつくっておくだけです。

シンプルだけれど、ほとんどの人がやっていない工夫といえるでしょう。

これを続けることによって、「本の内容が思い出せない」という人は確実に記憶に残るようになり、「あのくだりをもう一度読み返したい」と困っている人は、簡単に本を参照できるようになる。

ノートを読書のサポートツールにすることで、読んだ本の情報を、確実なかたちであなたの思考回路の一部にする

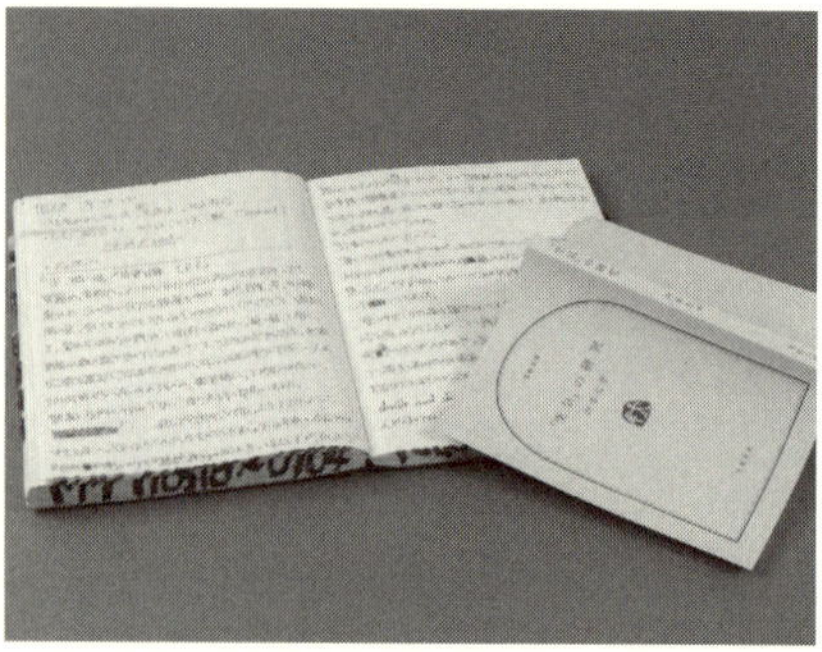

ノートを読書の“お供”にする

探す・買う・読む・記録・活用など、読書のあらゆる局面をノートでサポート。持ち歩きやすく、そこそこ紙面も広いA5版ノートを愛用している。

ことができるのです。

ときには多読や速読も有効でしょう。しかし、そういった高度な読み方に挫折してきた方には、一冊ごとにきちんと向き合う、ノートを使った読書術をぜひおすすめします。

無理せず、現状の読書ペースのままで、読み方だけでなく買い方、情報活用まで含めたトータルで、より濃密な「本との付き合い方」を実現してください。

必要な物は、どこでも売っているノートとペンだけです。

これだけで、あなたの読書生活は、劇的に有意義なものになることでしょう。

目次

読書は1冊のノートにまとめなさい[完全版]

第1章 ノートで「読書体験」をマネジメントする

第2章 必要な本を指名買いする「探書リスト」のつくり方

第3章 読んだ内容を財産にする「読書ノート」のつくり方

第4章 自分をつくるノートの「読み返し方」

第5章 読書体験をより充実させる20のアイデア

NOTEBOOK

第1章

ノートで「読書体験」をマネジメントする

本との付き合い方が劇的に変わる

本書の読書術で使うノートは、コンビニや文房具店で売っている普通のノートです。ノートを使うことで、次のようなことを実現します。

・「なんとなく」の読書ではなく、はっきり目的を持った主体的な読書ができる
・本から得た情報を確実に自分のものにできる
・読んだ本の要点や感想をいつでも参照し、深めていくことができる

ごく簡単にいえば、ノートを使って、本の**「探し方」「買い方」「読み方」「活用の仕方」**を今以上に深化させていこうということです。

それを通じて、読んだ本をきちんと自分の血や肉にできる具体的な方法を紹介します。

ただの読書を**「読書体験」**にするためには、「リーディング」だけでは不十分です。

「読み方」を変えるだけではなくて、本の「探し方」「買い方」「活用法」にわたっての読書生活、つまり自分の**「本との付き合い方」**を全面的に変えていく必要があります。

必要のない本ばかりを買って山積み状態になっている、かつて読んだ本の内容や名言がどうしても思い出せない、死蔵している、こういった問題もノートを通じて改善することができます。

したがって、本書の読書術によって、

- **読みたい本との確実な「出会い方」**
- **自分にとって有益な本を確実に選べる「買い方」**
- **理解を促し思考を深める「読み方」**
- **手に入れた情報の「活用法」**

が身につきます。

この過程を通じて、一冊の本が確実に自分の血肉になるわけです。


【ノートで読書をマネジメントする】

「あらゆることにノートを使う」というと面倒に思う方もいるかもしれませんが、そんなことはありません。

たとえば本書で提案する、買いたい本をメモしておく「探書リスト」や、読んだ感想をまとめる「読書ノート」などは、多くの方が普段から意識せずしていることにすぎません。

本書の役割は、あくまで本の選び方から読み方、読んだ内容の残し方やその活用法を、ノートを使って一旦交通整理し、**「続けられる」「使える」**ものへと変換することです。

ノートを読書のパートナーに

さて、本書の読書術でのノートの使い方には、大きく分けて次の四つがあります。

①思いつきメモ……本選びにつながる日常の発想を書いておく
本に結びつく情報は日常のさまざまな場面に潜んでいます。テレビを見ていて気になったことや、友達と話していて考えさせられた問題、街を歩いていて目についた現象など、

何だって、

「あ、こういうのをテーマにした本ってないかな？」

「そういえばこれは昔、読みたかった本だ」

「あの本を今読み返すとヒントになりそう」

と本につながっていくことがあります。

そうした日ごろの思いつきを一つひとつ拾って、ノートにメモをためていきます。

ポイントは、**情報を分類・整理せず、一冊のノートに時系列で書いていくことです。**

②探書リスト……本当に読みたい本を見つける

書店で「指名買い」するためのリストです。

日ごろ目にする広告や書評記事をはじめ、他の本で紹介されていた書籍、友達から教えてもらった本のタイトルなどをまとめてリストアップしておきます。

特に目的もなく、書店で本を探すのも楽しいものですが、誰でもついつい過激な宣伝文句に惑わされ、自分の意思とは別に、受け身のまま話題の本やベストセラーを買ってしまうことがあります。

ところが、このリストを持ち歩いていれば、書店で本を探すときに迷わずに済むだけでなく、自分の本当のニーズに従って、**「主体的に」本を選べるようになるのです。**

③記事のスクラップ……興味のあることをどんどん収録

新聞や雑誌の書評記事のほか、出版業界や書店のことを取り上げた記事、本にまつわる作家や著名人のインタビュー、文庫や新書に挟まれている出版社の広告など、読書関係で「おっ！」「おや？」と思ったことは、すべて切り抜いてノートに貼っておきます。

スクラップした記事の中に「これは絶対に読みたい！」という本があった場合は、切り抜くと同時に、前述の「探書リスト」にも書名を書いておきますが、基本的には、貼って集めておくだけで問題ありません。

スクラップは二、三ページ程度たまったら読み返してみます。そして、おもしろいと思ったところに線を引いたりしていく。

すると、

「このインタビューに出てくる○○という本が読みたい」

「これは難しくて手が出せそうにないから、同ジャンルの入門書を探そう」
「以前は『読まなくてもいいか』と思ったが、よく考えればめちゃくちゃ重要な本だなあ」
という具合に、本探しのヒントになってくれます。

僕は、新刊の情報に限らず、かつて自分が読んだことのある本の紹介などもよく切り抜いています。たとえば、たまに新聞に載っている「私の愛読書」「名著発掘」といった記事です。

これらを読み返すことで、本を再読するきっかけになったり、忘れていた記述を思い出したり、今の目で見ると別の感想を持ったり、自分ではたどり着けなかった深い理解にいたったりすることがよくあるからです。

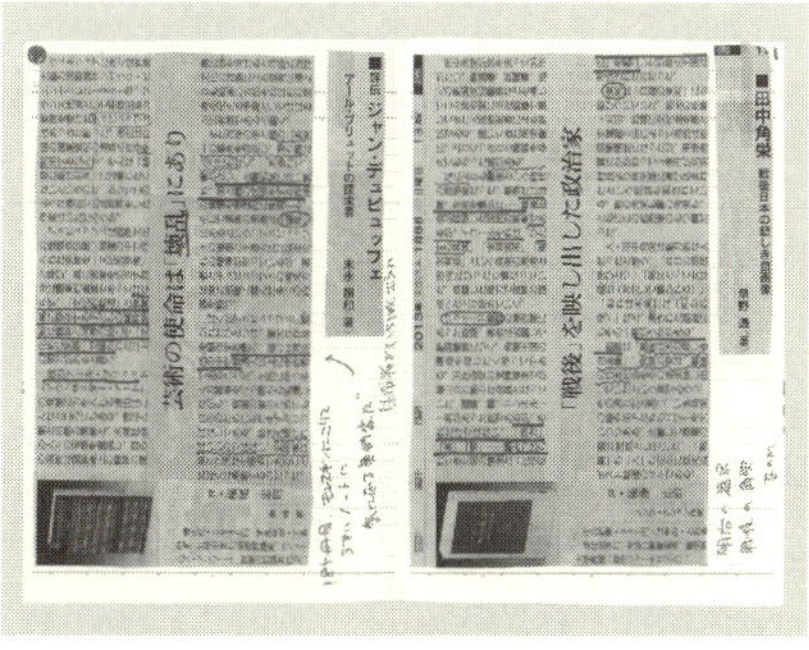

新聞の書評記事をスクラップ

自分の読書生活に関わる情報は何でもスクラップ。A5 サイズは新聞や雑誌の記事を貼るにはやや小さいが、だからこそ「本当に取っておきたい記事はどれか」「記事中の要る部分はどこか」ということを真剣に考えることにつながる。

④読書ノート……読んだ体験を形にして残す

一冊の本を読み終わったら、本の抜き書きをしたり、自分の感想をノートに書いたり、また何か体験を象徴するものを貼り付けたりして、読書体験をノートに封じ込めます。実体験を書き残す「旅日記」や「冒険日記」の読書体験版だと考えてください。

要は、「自分がその本を読んだ」という〝証《あかし》〟を残すわけです。また、ノートに書くことで本への理解が深まり、自分の血肉にしていくことにもつながります。

この本では、一冊の本を自分の中で確実に財産にするためのノートの書き方を紹介しています。

日記と同じで、こういうものは継続できることが重要です。本書の方法であれば、好きな本はじっくり、そうでない本は簡単に、と融通が利くので、誰でも継続することができます。

それでは、これらのノートの使い方をもとに、読書体験を財産にしていく仕組みを見ていきましょう。

まずは、新しいノート一冊とペンを用意してください。特別な道具は何も要りません。

ほかに便利な文房具や読書ツールなど、あると便利なものは、そのつど紹介していきます。

付箋など、ノート以外の用紙を使ったりした方が便利なこともありますが、基本的には満タンになるまで一冊のノートだけを使っていきます。

一冊のノートが、本探しから読了後までの各場面で助けになる。いわば、**ノートを読書生活のパートナーにしていくのです**。

ちなみに、僕は「読書ノート」をはじめ、日常のあらゆるメモや記録を一冊のノートで管理しています。詳しくは『情報は1冊のノートにまとめなさい［完全版］』（ダイヤモンド社刊）に書きました。興味があれば、そちらもご覧ください。

すべての情報を一冊のノートで管理していると、本とは直接関係ない日常生活の記録や、考えたことのメモ、新聞

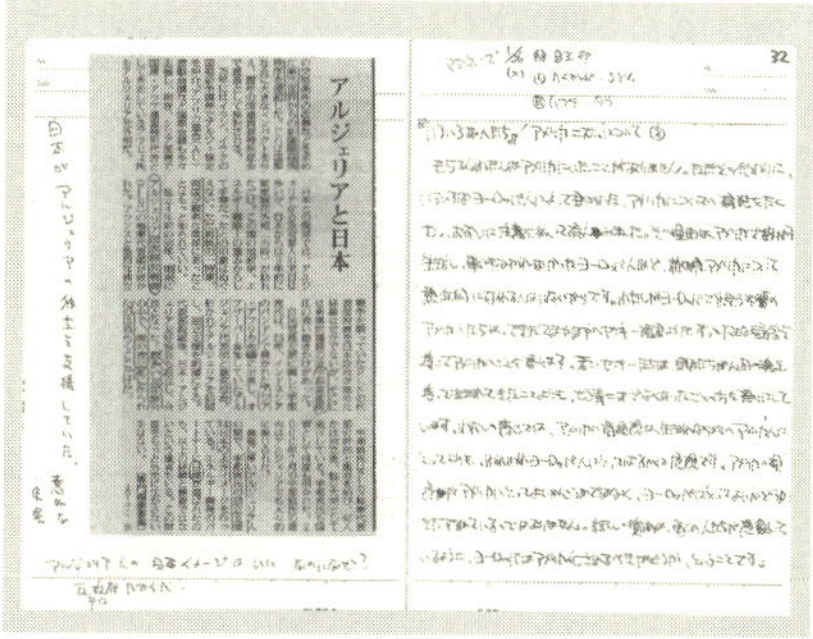

本に関するものは何でも収録
勉強になった解説コラムの続きに、それとは無関係な本の抜き書きをしている。興味を感じたものだけで埋め尽くされたノートは読み返しも進む。

記事などをヒントに新しく読みたい本が見つかるケースが増えてきます。

また、読書ノートを書くときにも、その本の書評記事や関連テーマの記事、過去に書いた考えなどが、ついでに参照でき、連鎖的に発想が飛躍していくのがおもしろい。

たとえば、「婚活」についての本を読み終わったので読書ノートを書こうと思ったとき、ノートに一カ月前にスクラップしておいた少子高齢化についての記事があるのを発見する。その記事の線を引いた部分を見ていると、読んだ婚活本にはどう書いてあったのかが気になる。そうすると、本で読み飛ばしていた部分に意外と重要なことが書いてあったことに気づく――。こういった具合です。

この**「情報同士の意外なつながり」**は予想できないので、**あえて分類しないようにしています**。つまり、僕の場合、ノートは「読書ノート」でもあり「スクラップ帳」でも「アイデアメモ」でもあるということです。

仕事も遊びも、あらゆる体験は読書につながり、読書もまたあらゆる体験につながる。

完全に「読書関係」と「それ以外」に分類することはできません。

本書を最後まで読んでいただけると、そのことがわかると思います。

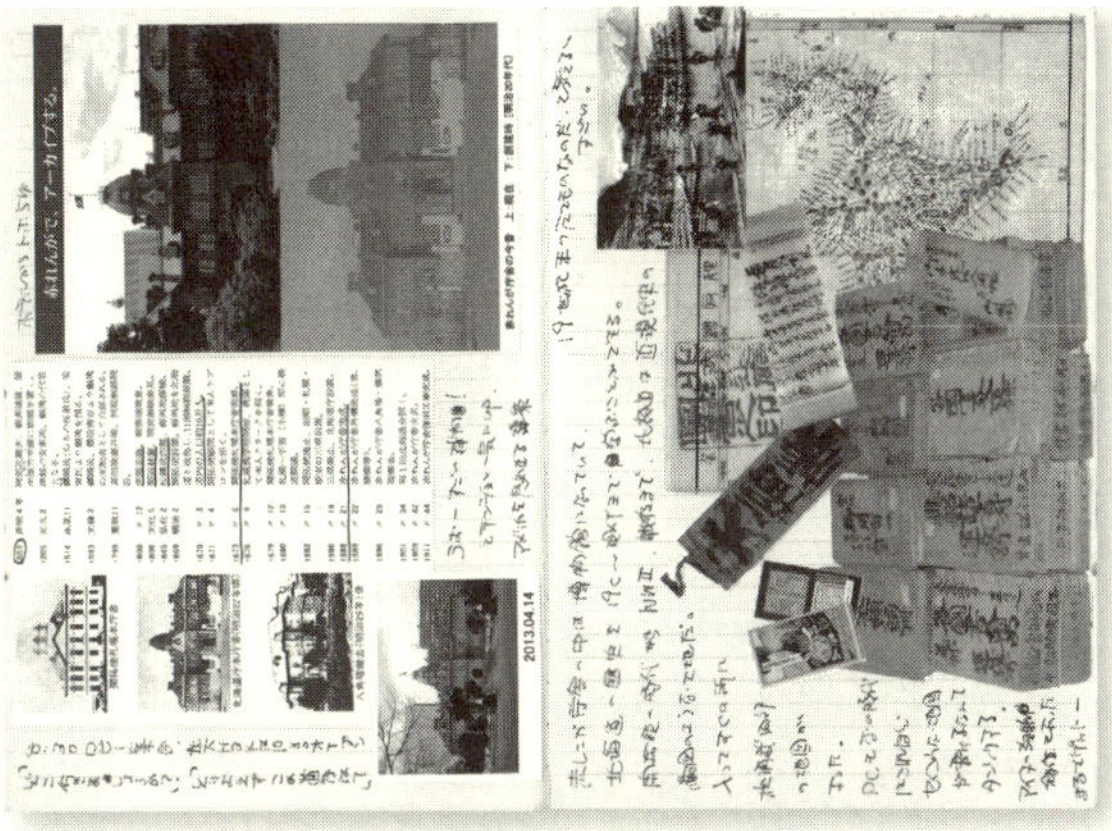

あらゆる体験をノートにまとめる

写真は北海道に出張したときの体験記録。観光パンフレットなどを切り抜いて、コメントをつけている。読書に関わることだけでなく、日常生活の体験や発想もすべてノートに入れておくと、自分の関心がどんどん広がっていく。

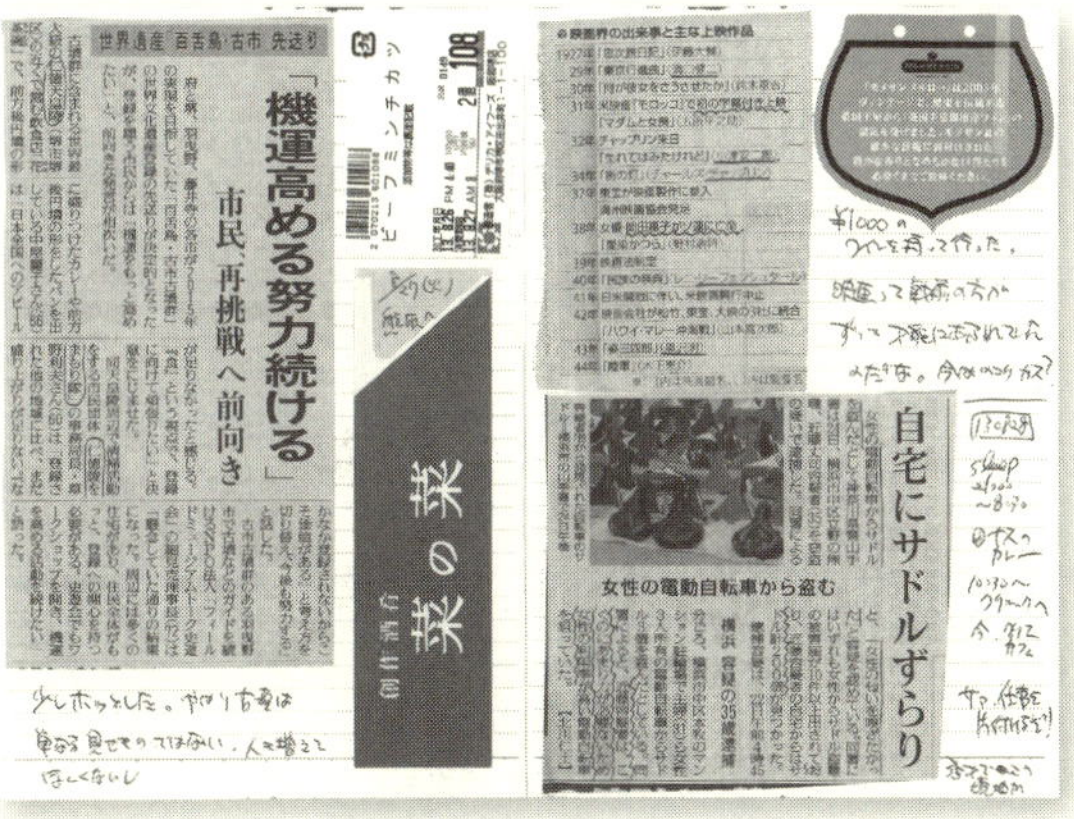

あらゆる情報を分類せず入れる

旅行などの特別な体験でなくても、日常生活の記録は資料を貼ったりして残しておく。当時の生活状況やコンディション、関心、考えごとなどが、読書記録の「背景情報」になってくれるので、単純なデータベースを超えた読書ノートになる。

続ければ必ず見返りがある

読書メモを手で書くのは面倒ではないか、と思う人は多いでしょう。

僕もよく億劫《おっくう》に思います。

しかし**「面倒だからこそ身につく」**ということも言えるのです。山の頂上にロープウェイで行くのと苦労しながら自分の足で行くのとでは、結果は同じでも、体験としては、まったく違うものになるでしょう。そうやって手間暇をかけることで、はじめて十分な見返りが得られるという一面もあるわけです。

本の抜き書きをしたり、感想を手で書き残すことはただの「作業」ではありません。

確実に、**将来のアウトプットの仕込み**になるのです。

思考とはガスのようなものです。今このときは、はっきり「ある」と思っても、あっという間に霧消してしまいます。それに、そのままではどんな考えなのか自分自身でもよくわからない。

そんな考えを言語化し、紙に書き残しておくことは、ガスをポリ袋に入れて縛っておくことだとイメージするといいでしょう。そうやってパックしてしまえば、月日がたっても消えてなくなることはありません。

また紙に書いて言語化した思考は、そのままの状態よりずっと扱いやすくなる。アイデアの材料として、**「取り回し」**がよくなるのです。

文章を書いたり、企画書や提案書をつくったりするとき、ノートに残してある本の文章や自分の視点・思考を援用する。また、さまざまな発想を引き出す呼び水とする。これはただ便利なだけでなく、過去の読書が有意義なものに感じられ、快感を覚えます。

ノートだから いい読書習慣が身につく

書くことを継続するコツは三つあります。

【言語化した思考は取り回しがいい】

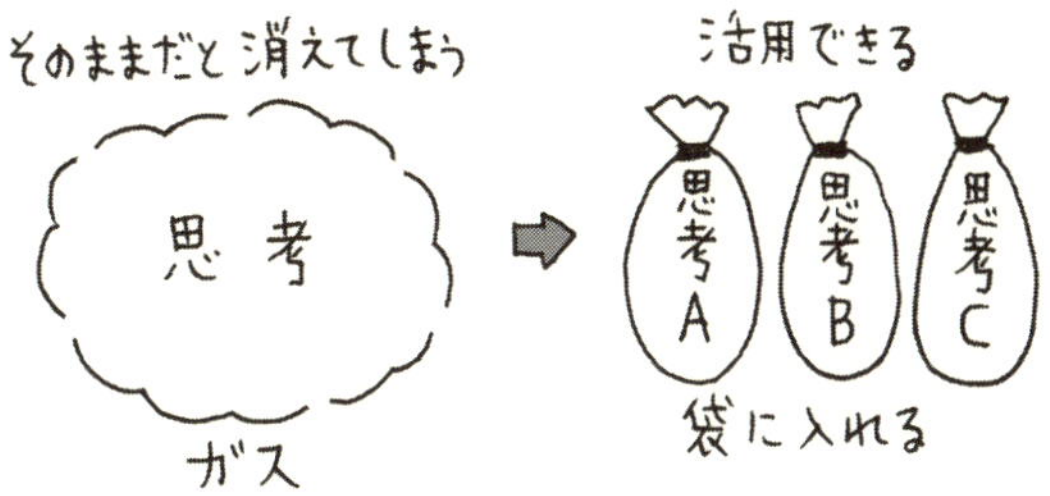

一つは**「習慣化」**。寝る前の歯磨きを続けると、しない方がかえって苦痛を感じるのと同じです。

もう一つは、**「見返りを大きくする」**ことです。

「本に書いてあった気に入った言葉を簡単に読み返して味わうことができた」
「ずっと前に読んだ本の読書ノートからアイデアの核心を得た」
「読書ノートのおかげで今の自分がある」

こういったことを実感できれば、誰でも読書ノートをつけるようになります。一見、手間はかかっても、結果的にみればその方が効率的で楽だからです。

最後のコツは**「自己流のアレンジ」**です。

読書ノートは、自分がやりやすく続けやすくなるようにどんどんアレンジしていきましょう。自分にとって使いやすいノートの銘柄を探したり、書き方を工夫したり、それぞれ書き味の違う万年筆や鉛筆をそろえておいたりするのもいいと思います。その方が、面倒に思ったときにもモチベーションを保ちやすいだけでなく、たまったノートに愛着もわいてくるでしょう。

「買う」「読む」「活用する」をマネジメント

ただの読書を、**自分をつくっていくための「読書体験」**とするために、まず読書環境から変えていきましょう。

繰り返しているように、本書で紹介している読書術とは、単に速く多く読みこなす技術ではありません。本の中身をきちんと咀嚼《そしゃく》して確実に自分のものにするための技術です。

つまり、「読む」という行為だけでなく、効率よく主体的に本を「探す」「買う」技術でもあり、また過去に読んだ本の読書ノートを死蔵せず、読み返したり参照したりして「活用する」技術でもあります。

本を自分の血肉にするためには、「読む」だけではなく、「探す」「買う」「活用する」という読書の流れ（フロー）全体をつくり上げる必要があるのです。

ノートで読書にまつわるすべてのマネジメントを行う。一冊のノートをさまざまな場面で使いこなし、本を買い、読み、活用するという効率的なフローをつくっていきます。

それでは、まず本との付き合いにはどういう段階があるか、考えてみましょう。

図書館で借りたり、人からもらったりする変則的なケースを除くと、普通、本は次のような三つの段階をたどるでしょう。

①買う……書店やオンライン書店で気になった本を買う
②読む……普通に読み進める
③しまう……読みっぱなしで収納

これに対し、本書では、読書を次の五段階に分けて考えます。

①**探す**……日常生活の中で本に関わる情報を集めながら、読みたい本、読むべき本をリストアップしていく。つまらない本や目的にかなわない本との付き合いを減らし、本選びの「ヒット率」を上げていく（↓第2章）

②**買う**……リストアップした本の現物をチェックし、自分のニーズに応えてくれる本を選んで買う（↓第2章）

③読む……読み進めながら、読書ノート作成の準備を進める。「ピンときたところ」「マーキングするか検討するところ」「マーキングするところ」「読書ノートへ引用する文章」など、自分にとって重要なところを段階的にあぶり出していく（↓第3章）

④記録する……本を読んだときの感動や思考などの、読書体験がしっかり残るような本との付き合いの証「読書ノート」をつくる（↓第3章）

⑤活用する……読書ノートを読み返したり、検索して参照したりすることを通じて知的生産や自己形成に役立てる。また、ノートは将来も取り出して読めるようにしておく（↓第4章）

ノートを使うのは③以外の部分です。

というのも、研究のために読むといった特殊なケースを除けば、読書中にメモを取るのは、あまり現実的ではないからです。

よって、③の段階ではノートを使わず、本のページの角を折ったり、ペンでマーキングしたりと印を残すことで最終的な読書ノート作成の準備をしておきます。

また家や喫茶店でじっくり読む場合や内容の薄い本を処理するときなどは、③と④を同時にこなす、つまり、読書ノートを取りながら読むこともあります。

このフローに沿って読書をするメリットを左の表にまとめておきました。

五段階で考えるのはちょっと面倒に思うかもしれません。確かに、何も考えず書店に行って気になったものを買って、読みっぱなしにする方が楽は楽です。

けれども、前述した通り、それではほとんど何も残らない。せっかく読書に時間を割くなら、短いものであっても「読書ノート」という目に見える成果を残していく方が、長い目で見て効率的なのは言うまでもありません。

ノートで本を探し、ノートで読んだ体験を残し、ノートで参照し、ノートで再考する。この作業全体が本の理解を促し、独自の思考を紡ぎ出すことにつながるのです。

【普通の読書とはここが違う】

	普通の読書	ノートを使う読書術
探す	【本を意識しない生活】 ・すすめられるがままに選ぶ ・無目的な読書 ・広告やランキングに左右される	**【日常的な情報収集】** ・自分のニーズを見つめて本を選ぶ ・読書目的の明確化 ・ノイズを除外し主体的に探せる
買う	【はじめから書店で選ぶ】 ・選ぶのに時間がかかる ・読まない本ばかり積み上がる ・一時的な気分による衝動買い	**【探書リストでの指名買い】** ・書店での滞在時間をカット ・目的を絞って品定めできる ・オンライン書店を有効活用する
読む	【普通の読み方】 ・すべて読み通すので時間がかかる ・単調な作業になりがち ・読了後の要点抽出が困難	**【読書ノートの作成を見越した読書】** ・目的の明確化による速読効果 ・マーキングによる作業の複線化 ・読了後の要点抽出が簡単
記録する	【読みっぱなし】 ・再読につながらない ・内容に加えて読んだことまで忘れる ・情報の摂取にとどまる	**【読書ノートづくりで体験化】** ・結果的に再読になる ・書くことによる記憶への定着 ・本を触媒に得た思考の蓄積
活用する	【本棚で保存】 ・参照が難しい ・目につかない本の死蔵化 ・スペースの制約	**【読書ノートの読み返し】** ・参照が簡単になる ・読書ノートを援用した知的生産と自己形成が可能に ・本自体を手放すことができる

読書のフローを仕組み化する

さて、本書で紹介する読書術の五段階のステップを左の図にまとめてみました。

①の段階では、新聞広告や書評記事などから、買いたい本をリストアップしておきます。その場でメモするのを忘れたりして、タイトルがはっきりわからないときには、著者名やキーワードだけをメモしておき、あとからネット検索でタイトルをチェックします。

また「限定正社員制度の本を読みたい」「ローマ史の入門書はないか」「開高健のエッセイが読みたい」といったときのように、読みたいテーマやジャンルが思い浮かんだときも、「〇〇についての本を探す」という具合に、リストに書いておきましょう。

この「読みたい本」メモを、本書では**「探書リスト」**と呼んでいます。

僕の場合は、付箋にメモしたものをノートの最後のページに貼っておいたり、パソコンで作成してプリントしたものをノートに収納したりして、いつもノートと一緒に持ち歩いています。

こうしておくと、②の段階の書店では、リストに書いてある本を棚から探して、買うか

【ノートを使った読書術の5段階ステップ】

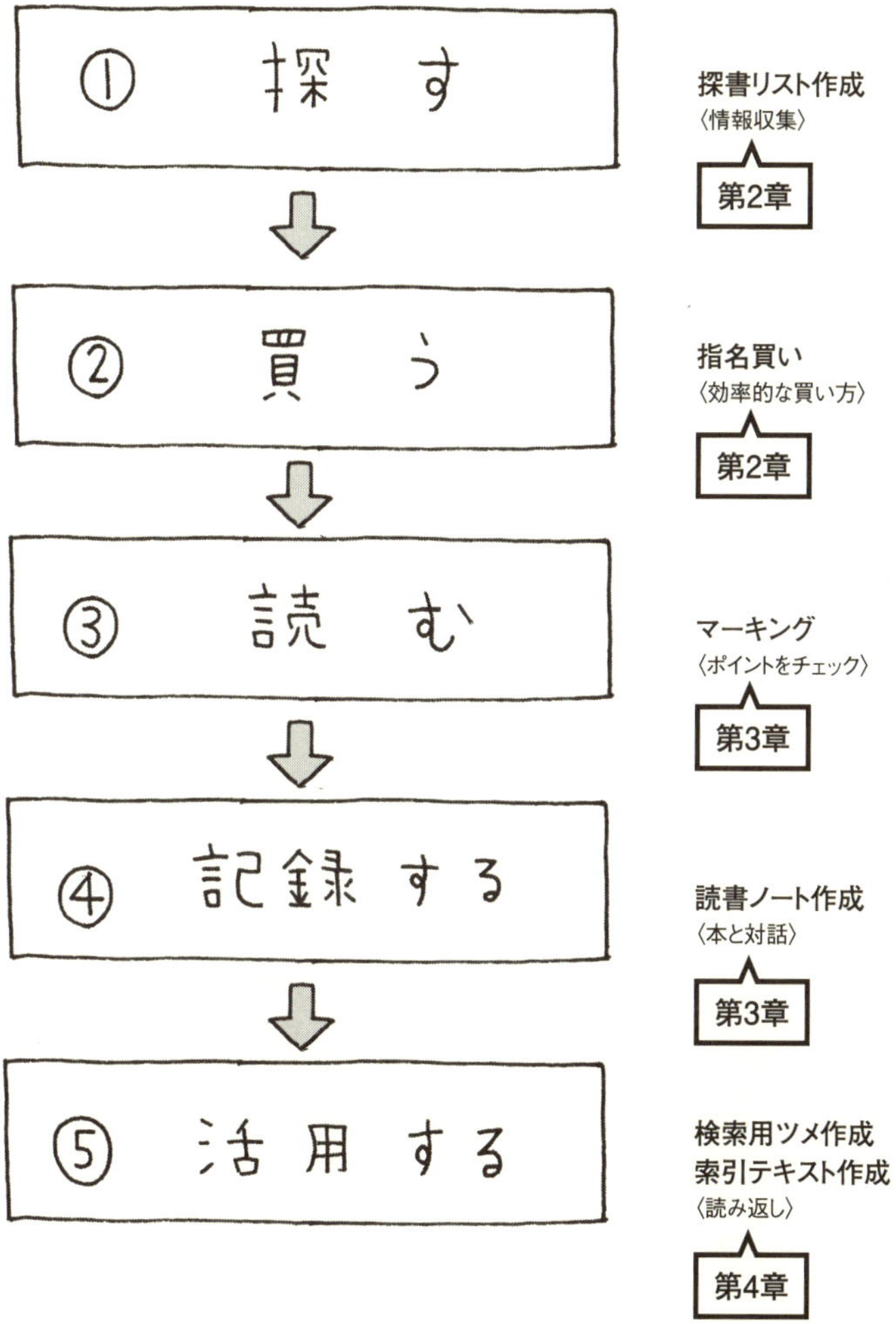

どうか判断するだけです。棚やフロアを行ったり来たりする必要はありません。

たまにはゆっくり、平積みされた話題書や文庫の棚を見ながら歩くのもいいものですが、

「さっき買おうか迷った本は、何だったっけ。他の本を見てるうちに忘れてしまった」

「こんなにいっぺんに買わなくていいか。何冊か削ろう。棚に戻しにいかなくちゃ」

「今日は買わないけれど、いつか買うためにすぐにメモしておかないと！」

という具合で、時間がないときに目的なく棚を見るのはなかなか落ち着かない面がありま す。また、最近はタイトルやカバー、帯なども刺激的なものが多いので、気になるものをなんとなく見ていてはキリがありません。

こういう事情もあって、僕は「何かおもしろい本はないかな」と目的なく本屋に行くことはほとんどありません。探書リストを見れば、いくらでも読みたい本はあるからです。

日ごろから、新聞の書評や雑誌の記事をはじめ、他の本での言及などをノートに貼ったりメモしたりしておいて、読む本につながる情報を集めておく。そして「探書リスト」にリストアップし、「指名買い」する。

このことによって、書店ですぐに目的の本を探すことができたり、過激な広告などに左右されることなく、主体的に本を選べるようになるのです。

本を買ったら、次は③の段階**「読む」**です。先ほど説明した通り、基本的にノートは使いません。

電車の座席やベッドの中では、本のページの角を折ったり、走り書きをしたりしながら、あとで読書ノートに落とし込みたいところをチェックしておくだけに留めます。

読み終わったら、チェックしてあるところを中心に読み返したり、ペンで線を引いたりしながら**「読書ノート」**をつくります。

これが④の段階です。本の内容によって、しっかり時間をかけてやる場合と、数分で済ます場合とがあります。その本を読んだ体験の重みによって決めます。

⑤の活用は、仕事や趣味、勉強などの必要に応じて行います。

先ほども書きましたが、僕はほとんどの情報を一冊のノートで一元管理しているので、ノートには読書記録だけでなく、時系列で日々のメモや日記なども書かれています。それでも、これから紹介する方法で、目的の読書ノートを見つけ出し、読み返して仕事やプライベート、そして自己形成に活かすことができています。

以上のように説明すると、一本のベルトコンベア上に流れてくる本を淡々と処理しているような印象を持つかもしれません。

もちろん、実際には、本との出会いや付き合いはもっと多様でロマンティックなものです。ただ、そんな良書と確実に出会い、本を頭の中にインストールしていくためには、頭を使わないでいいところはとことんマニュアル化し、機械的にこなしていくことも必要だと思います。

ショーペンハウエルは、読書の最大の要点を **「悪書を読まないこと」** だと言いました。「良書だけを選んで読む」というのは現実には難しいけれど、「良書はしっかり、そうでないものはあっさり」とメリハリをつけて付き合うことは十分可能ではないでしょうか。

本好きのご多分に漏れず、僕もかなりの併読派です。

常に、読んでいる途中の本と読書ノート作成待ちの本をたくさん抱えている。何回も読み返して読書ノートをつくり、そこで得た考えを仕事でも使っている本もあれば、買ってから一時間で④の段階までいってすぐに手放す本もある。一方、なぜか読み進めることができず、③の段階に何年も留まっている本もあります。

つまり、スピードの遅いものから速いものまで、ベルトコンベアは本の数だけあって、並行して流れているわけです。

本の「濃さ」や、自分にとっての「重さ」に応じて、すべての本をこのフローで処理していく。このシンプルな仕組みによって、本を血肉にすることができるのです。

【複数の本が5段階の中に同時にある】

読書情報も一冊のノートにまとめなさい

①探す
②買う
③読む
④記録する
⑤活用する

まずはこの五段階を、大まかな枠組みとして理解してください。

その上で、ノートを使っていくためのポイントがあります。

それは**「情報を一元化しておく」**ということです。

具体的には、読みたい本の情報も、読んだ本の情報もすべて同じノートに書いておきます。分冊にはしません。

「探書リスト」は付箋やコピー用紙を使ってノートに貼ったり挟んでおいたりしますが、

それ以外の、日ごろのメモやスクラップ、読書ノートは一冊のノートに分類せずに書いていきます。

新聞を見ていて「あ、これ読んでみたいな」と思う。こんなケースは、別に読みたい本を探していたからではありません。読みたい本は、二四時間、常に出てくるものです。

一見よさそうなのは、「読書専用ノート」をつくって、読書にからむ発想やアイデア、読書記録だけを書いていくというやり方です。しかし、現実には「読書関係」と「その他」を明確に分けるのは難しいと思います。それより、

「何を書いてもいいノートに、読書の記録を増やしていこう」

と決めることです。その方がストレスなくノートづくりを続けて、記録した情報を使いこなすことができるのです。

一元化については、『情報は1冊のノートにまとめなさい［完全版］』で詳しく説明したので、本書ではあまり触れませんが、メリットをまとめておくと次のようになります。

・シンプルで簡単、誰でもできる

・ストレスなく続けられる
・自由度が高く、自分でアレンジできる
・情報は必ず一カ所に「ある」
・記入・参照の迷いはゼロ
・「ごちゃまぜ」だから活用のヒントになる

とてもシンプルな仕組みです。

たとえば、こういうことです。

財布を三つも四つも使っていたら、いくら几帳面に整理していても、どこに歯医者の診察券が入っているか、わからなくなってしまいます。

では反対に、まったく整理をせず、レシートや会員カードなどを何でも突っ込んである財布ならばどうでしょう。

机の上でひっくり返して、一つずつ見ていくことで、必ず診察券は見つかります。

書類でいえば、段ボール箱に処理済みのものを何でも放り込んでおくようなものです。

ごちゃごちゃのようでも、一つひとつ、しらみつぶしに調べていけば、探している資料は必ず見つかります。つまり、

「この中を探せば、必ずある」
「この中にないなら、もうない」

というわけです。

要は、ノートをこの段ボール箱のような「何でも突っ込んでおける容れ物」として使っていくわけです。

読書にまつわる幅広い情報も、これとまったく同じです。本にからむすべての情報を、一冊のノートにまとめておくのです。

管理の方法が高度すぎたり、妙に複雑だったりすると、情報整理は続きません。続けるには、ごくシンプルに一つの器に読書情報を詰め込んでいくこと。まずはこのイメージを持ち続けてください。

【一元化すれば必ず「ある」】

ひっくり返せば必ず見つかる

ノートに一元化する技術

続いては、一冊のノートにメモや資料を一元化する技術を見ていきます。ポイントは以下の五つです。

①何でもここに書く
②時系列を守る
③日付を入れておく
④速記や略記を駆使する
⑤とりあえず貼る

①何でもここに書く

本を読んだ記録としての「読書ノート」だけでなく、日ごろ気になったことは分類せず、すべて一冊のノートに書き留めておきます。

新聞や雑誌を読んでいて気になったテーマ、興味を持った研究者や作家の名前、印象的なフレーズ、紹介されていた本のタイトルなど、どんなことでも構いません。

ノートには何を書いてもいいのです。

むしろ、取り立てて書くほどでもないと思った「思いつき」でも、どんどん記入していった方がいいでしょう。その方が「書きグセ」がついて、よりノートを活用できるようになります。

書いておいた思いつきが役立つかどうか、そのときは誰にもわかりません。必要ないと思っても、あとから気になってくるケース、仕事のヒントや個人的な発見につながるケースはいくらでもあるのです。

②時系列を守る

ノートは前から順に使っていきます。システム手帳のように記入スペースを分けたりはしません。別のノートに清書したり、読書ジャンルごとに分類したりする必要もありません。**「書きっぱなし」で大丈夫です。**

ノートを使い分けず、一冊にまとめるのと同様に、書き方でもスペース分けをしない。こうすると、何も書かない日が何日続いてもいいし、書きたいときは何ページ使ってもいいことになります。

一日一ページの日記帳のように、書かないことで空白が生まれ、やる気がなくなってしまうということもありません。日々、読書関係の記事のスクラップをしたり、気が向いたとき、それ相応の長さで読書ノートをつくっていけばいいわけです。

③日付を入れておく

書き込みには必ず日付を入れておきます。

やり方は単純で、下の写真のように記述の頭に日付を入れて、記述の最後に区切り線を入れるだけです。

僕はノートの中の日付表記を次のような六桁の数列で統一しています。

080722（二〇〇八年七月二二日）
130904（二〇一三年九月四日）

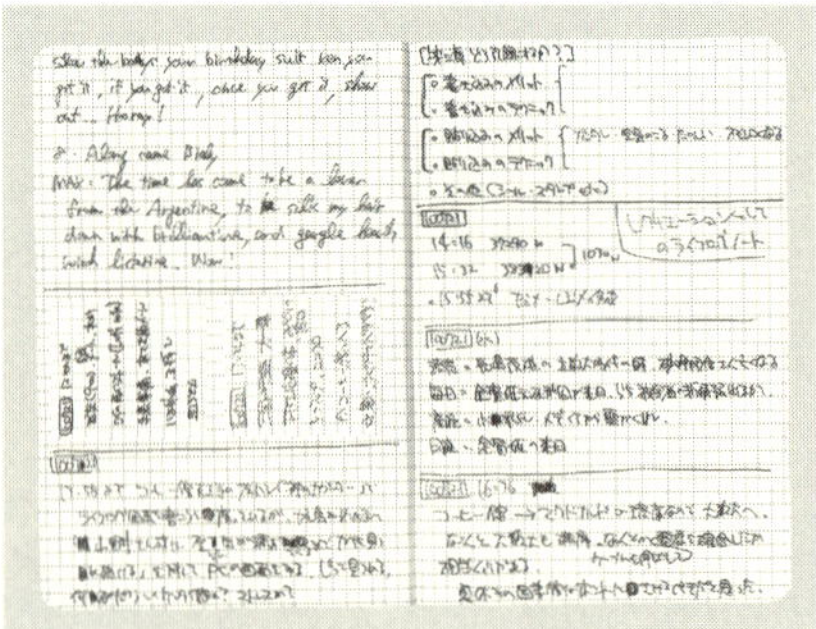

区切りながら時系列で書く
ノートの記述には、6桁で日付を入れた上、書き込んだり貼り込んだりするごとに線で区切っておく。筆者は新聞のように詰め込んだ感じが好きなのでこうしているが、余白が気にならない人は、何かを書くごとにページを改めてもいい。

年号や日付の表記はいろいろなパターンがあるので、混乱を避けるためにも一つに絞っておきます。

メモを書いたり、資料を貼り付けたときは、必ずこの**「六桁ラベル」**を書いておく。

これで、そのメモや資料が、「○年の△月□日に収録された」ということを示すタイムスタンプになるのです。

ノートの中身は時系列に並んでいるので、前後関係から日付がわかることもあります。しかし、無用な混乱を避けるためにも、日付を書き入れるクセをつけておいた方がいいでしょう。

この方式で統一しておけば、混乱しないし、書き入れるのも楽なので面倒がらずに続けられます。

④速記や略記を駆使する

ペンでノートに書くのが面倒に感じないよう「速記」や

【日付は6桁で】

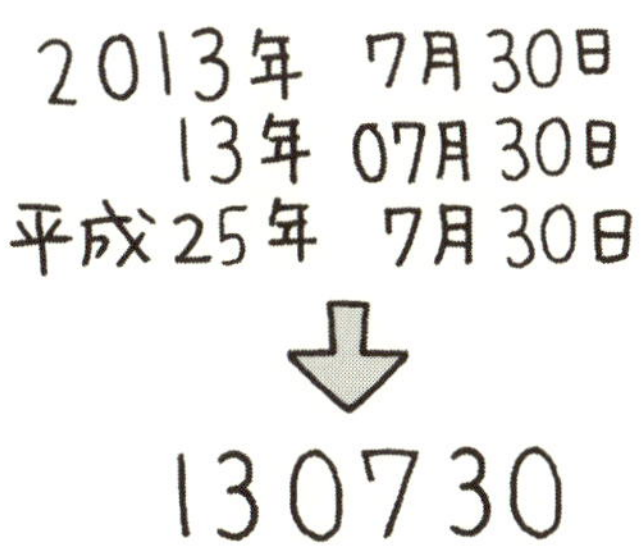

「略記」を積極的に使いましょう。

速記のコツは、大きな字で書くことです。

本書のやり方の場合、ノートがいっぱいになれば、次のノートに移ればいいだけなので小さな字で書く必要はありません。

ノートは一行空きで書いた方が、書くのも速くなるし、読み返すときも見やすい。

もう一つは**「カタカナ表記」**ですね。

あとで判別しやすくするためにも、固有名詞などの漢字がわからないときにも、ひらがなよりカタカナを使ってメモします。その方が、文字が崩れにくいので読み返す際に都合がいいからです。たとえば、「満載する」は「マンサイする」と書く方が速いし、書き間違いも避けられ、安全です。

最後に**「略記」**があります。

たとえば、下の図のような「ローマ字の頭文字」です。

【楽して書ける略記法】

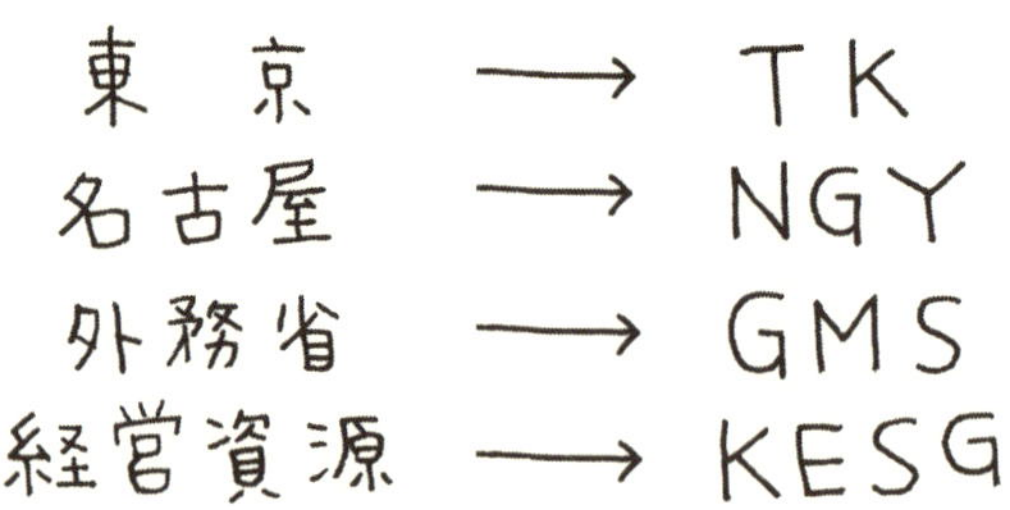

興味や読書傾向によって、よく使う言葉があるものです。書くのに時間がかかる言葉などは、自分がわかるルールで省略しておくといいでしょう。

⑤とりあえず貼る

ノートに効率的に情報を収録するために、貼れるものは何でも貼ってしまいます。

たとえば、新聞に載っている書籍の広告や書評記事、書店でもらったチラシや買った本に挟んである新刊の出版案内、雑誌などに載っている「○○さんおすすめの三冊」など、とにかく、気になったものは切り抜いて貼っておくようにしましょう。

こうすることで、感性に響いた読書情報をどんどんストックしていくことができます。

また、読書ノートをつくるときに、本の帯や補充カード（書誌情報が書かれたしおりのような紙）などを貼り付け

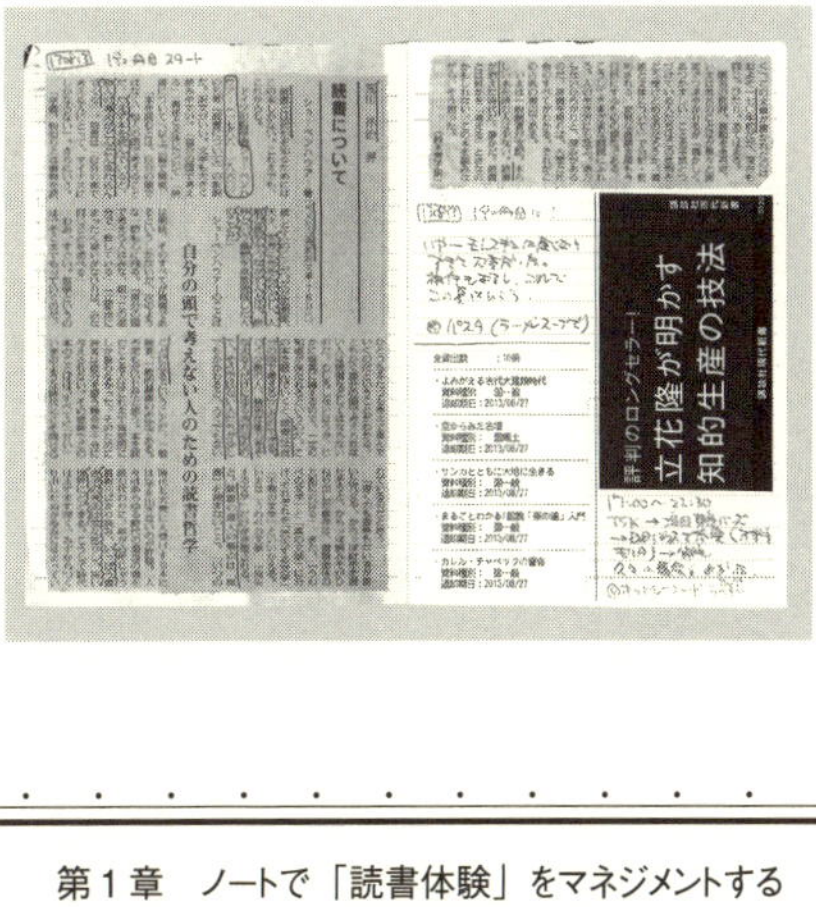

何でも貼ってビジュアル化

気になったものは片っ端から貼ってしまうのがおすすめ。文字だけの読書ノートは退屈だし、どこか重苦しい。ノートをめくっていて資料が出てくると、見た目にもにぎやかだし、切り抜いた当時とは違った視点で読み返すことで思わぬ発見につながることがある。

ておくのもいい方法です。

単純に、タイトルや著者名などの書誌情報になることに加えて、ビジュアル化されるので「手書きメモだけ」より印象に残ります。

また僕の場合、仕事の参考資料として使った本のコピーなども、使用後に捨てるのではなく、一部を切り抜いて、ノートに貼っておいたりすることがあります。これも、読書ノートを読み返したときに楽しいものにするための工夫です。

以上、ノートの使い方の基本を説明しました。

次の章からは、実際にノートを使って、どう読書生活を変えていけばいいのか、前述の五段階の各ステップに沿って見ていきます。

NOTEBOOK

第2章

必要な本を指名買いする「探書リスト」のつくり方

なぜ「探書リスト」で財産にできるのか

ノートを使う読書術の第一段階は、本当に読みたい本、自分が読むべき本を「選んで買う」こと。先ほど紹介した五段階でいうと、**「①探す」「②買う」**のところです。

具体的な話に入る前に、まずいつも本を買うときの状況を想像してみてください。

おそらく、仕事や学校などの帰りに書店に立ち寄るケースが多いと思います。

そのとき、ビジネス書ならビジネス書の棚を、小説なら文芸の棚をチェックすると思います。ところどころ、新刊の棚や平積みにされた本、販促用のポップも見る。目に飛び込んでくるタイトルやキャッチコピー、装丁に惹かれて本を手に取る。目次や「はじめに」「おわりに」、著者プロフィールなどを確認したら、値段を見てレジへ。

きっとこのようなパターンが多いでしょう。

「探書リスト」を使い始めると、まずこの本選びが変わります。

探書リストとは、次のような一枚の用紙です。

日ごろ、気になった本が出てきたときは、ここに次の三つの情報を記入しておきます。

①本のタイトル
②著者名
③出版社名

これを手がかりにして、書店では**「指名買い」**します。

実際に本を開いて、買うかどうか決めるだけ。つまりチェック作業をするわけです。

用紙に記入するほど気になる本が多くない人は、ノートの最後のページなど、わかりやすいページを「探書リスト欄」にしておくのもいいでしょう。

本を探すときの手がかりには、ＩＳＢＮコードなどさまざまなものがありますが、「タイトル」「著者」「出版社」さえわかっ

【探書リスト】

タイトル	著者	出版社	備考
西郷と大久保	海音寺潮五郎	新潮	
名前の日本史	細田順一郎	文春	

ていれば、ほぼ確実に見つけることができます。

備考欄には「絶版」や「○○さんのオススメ」「仕事の資料」などと補足の情報を書いておくといいでしょう。

新聞や雑誌の広告をはじめ、書評、電車の中吊り広告、書籍の巻末広告、新刊情報のチラシなど、あらゆる場面で興味を持った本をメモしておけば、「前におもしろそうな本があったけれど忘れた」という事態は完全になくなります。

さて、このようにリストアップしてから本を買うことが、なぜ読書術の一部になるのでしょうか。

理由の一つは、目的意識を持って読むことができるようになるからです。

探書リストにメモする→書店で確認する→買う

このような段階を踏んで本を入手すると、**「何のためにこの本を読むのか」**ということを意識せざるを得なくなります。リストに「書く」という行為を通じて、読書の目的を確認することになるからです。

たとえば小説やノンフィクションなら、ストーリーを楽しむためか、文章を味わうためか、作中の雰囲気に浸るためか、その作家を知るためか、はたまた、最近の文学トレンドを見ておくためなのか。

それ以外、たとえばビジネス書なら、仕事に活かすためか、趣味に活かすためか、誰かに教えるためか、教養として押さえておくためか、すぐに実践するためなのか、といった具合に。

このように本を読む理由を意識することは、**読む速さ**にも関わってきます。

たとえば、上司から読んでおくように指示された本は、「読みましたよ」と言えれば十分なので、内容がわかる程度に流し読みする。反対に、自分がずっと悩んでいたり強い興味を感じているテーマの本は、じっくりと時間をかけて読む、という具合です。

本を読む動機や目的意識は、写真で言うと「ピント」のようなものです。写っているものは同じでも、ピントを手前の花に合わせるか、奥の五重の塔に合わせるかで、でき上がりは全然違ってくるでしょう。同じ本でもどういう目的を持って読むかによって、その効能はまるで違うものになるのです。

メモで本選びの主導権をにぎる

「探書リスト」の二つ目の効果は、**自分が本当に読みたい本に到達できる**ことです。

そもそも、なぜロクに読まないような本を買ってしまうのかと考えてみれば、衝動買いするからです。「これは役に立ちそうだ」とか「これは知っておかないと」と思って、ついついレジに持って行ってしまう。

そこには「本当に読みたいのか」というチェックが抜けています。特に、売れている本というのは、なぜか読まなければならないような気がしてくるものです。つまり、無計画に書店の棚の前に立ってしまうと、その時点でもう冷静な判断はできなくなっている、と言ってもいいかもしれません。

主体的に本を選ぶために大切なことは、ある程度、事前の計画を立てておくことです。もし、目的の本を手に取って見た結果、買わなかったり、その隣にあった本を買って帰ってきたとしても、はじめから目的もなく買いに行くよりはいいのです。

そういった意味でも、「探書リスト」はただの「買い物メモ」ではありません。**主体的**

に本を選ぶための矯正装置とも言えるでしょう。

もう一つ「探書リスト」をつくることのメリットがあります。それは、続けているうちに、**自分の本当の読書ニーズがわかるようになることです。**

たとえば朝、新聞広告に載っていた気になる本のタイトルを手帳にメモしておき、仕事帰りに買う。これくらいのことは誰でもやっているでしょう。

では、テレビを見ていて気になった話題、ウェブニュースを見ていておもしろいと思った研究、本を読んでいてもっと知りたくなった説などはどうかというと、おそらく忘れてしまいます。

「日本酒についてのエッセイが読みたいなあ」
「深海生物のビジュアルブックってないだろうか」
「この人物の評伝があったら読んでみたい」

こんな思いつきを、一つひとつ残さずノートに拾い集めるのです。第一章で見た「思いつきメモ」というノートの使い方です。

歴史ドラマを見ていて気になった登場人物の名前をノートに書いておく。ラジオで現地リポートをしていた地名をメモする。

こんなふうにして気になったあらゆることをノートに書いて、書店に行ったついでに該当する棚を見てみたり、関連する本が出ていないかネット検索してみたりします。

書店の棚だけが、本との運命的な出会いを起こさせるのではありません。日ごろから、本につながる情報を探す必要があります。つまり、**日常生活で取材すれば、自分の本当のニーズを反映した「探書リスト」ができ上がるのです。**

このリストを持って書店に行った場合、やることは明確です。

まずは、リストにある本の現物を探すこと。

そして、買うか否かの判断を下すこと。

その結果、今の自分にとって不必要な本、読まなくていい本というノイズが除外され、本当に読みたい、読む必要がある本だけを選んで買うことができるようになります。

僕が、リストを見ずに書店の棚で本を選ぶときは、たいてい「日本史」とか「西洋思想」など、硬い内容の場合です。こういったジャンルの本なら、あまり「買え買え」とはやし立ててこないので、冷静に本を選ぶことができます。

たとえば、時間があるときには棚を眺めて、会社帰りなどはリストの指名買い、と使い分けてはどうでしょうか。基本的には、帯や広告に触発されたり、一時的な気分で買うより、落ち着いているときの自分からわいた考えで、主体的に本を選んだ方が、読書の満足感が得られやすいと思います。

【情報収集から購入までの流れ】

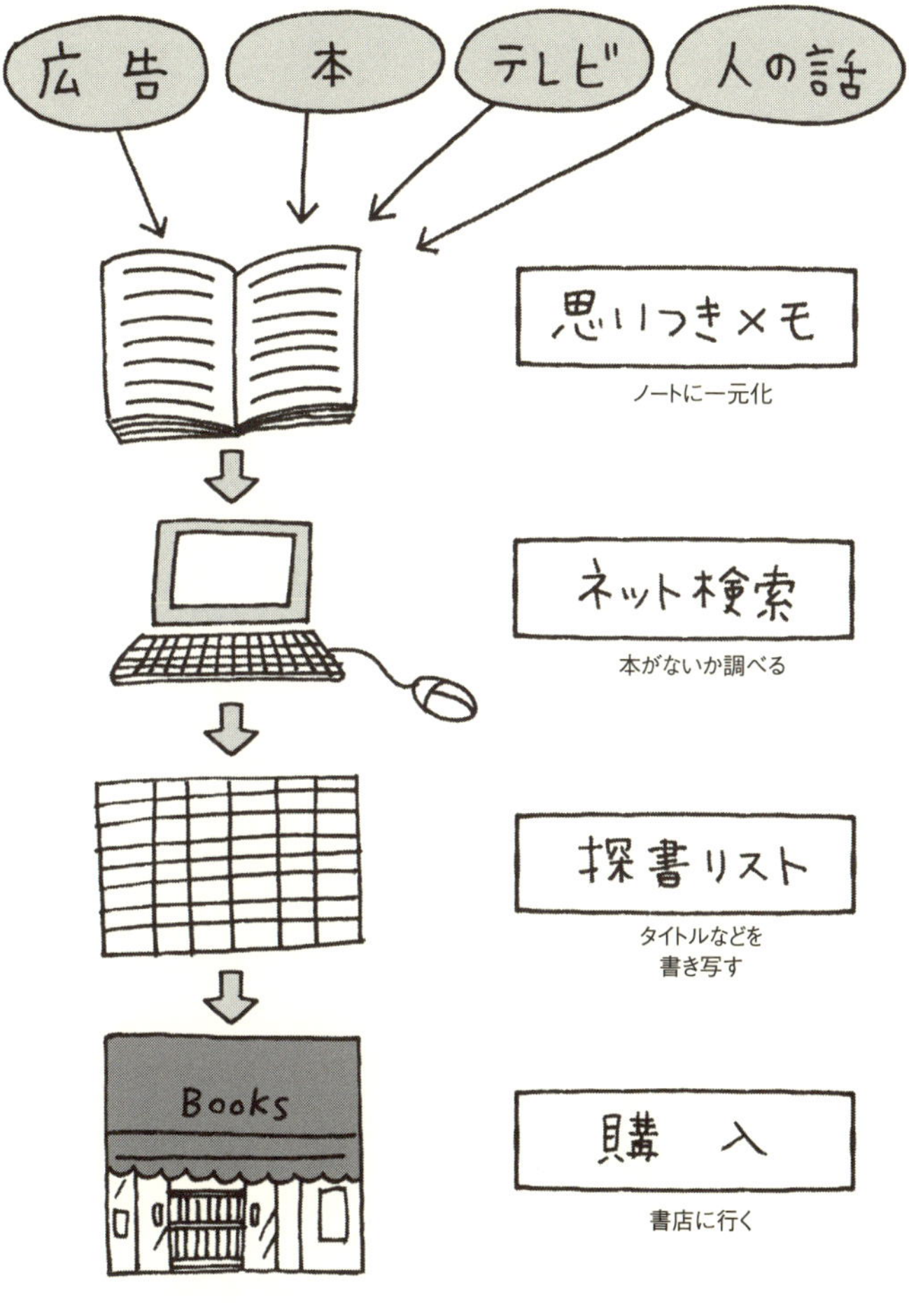

「探書リスト」を用意し、購入前のメモというひと手間を加えることによって、書店で本を買うときにも徹頭徹尾、主導権をにぎることができるのです。

リアル書店で買う方が印象に残る

ここで「ネット書店で本は買わないの？」と思う人も多いでしょう。

もちろん僕も人並みに利用しています。ただネット書店で買うのは、中身がほぼわかっている本だけです。タイトルやテーマから衝動的に本をネット注文することはほとんどありません。

「中身がわかっている」とは、シリーズの前作をこれまでに読んでいたり、書店でパラパラと見たことがあったり、誰でも知っている名著や古典だったり、過去に何度か読んだことがある著者の本だったり、という場合です。

逆に、まったく知らない著者の本だったり、著者の肩書きやバックボーンが理解できなかったり、内容説明や目次に目を通してもよくわからなかったりしたときは、書店で現物を見るまで買いません。

タイトルと内容に食い違いがあったり、内容はおもしろくても文体が受け付けられなかったりすると、結局、読めない。無駄な買い物になってしまうからです。

逆に、書店に行くたびにリストに載っている本を手に取って買うかどうか考えたり、同じ棚にある本と比べてみたりする方が、最後まで読める本を選べる可能性が高いでしょう。

それに、足を運んで買った方が、購入行為が経験として豊かなものになると思います。

高価な本を買うかどうか書店に行くたびに迷った挙げ句、ついに買ってしまったり、いっぺんにたくさん買うと読めないので、すぐに読みそうな三冊だけに絞ったり……。

このようなリアル書店での体験は、そのまま自分とその本との物語になります。本棚を眺めていても、

「この本は、高いので何回か見送って結局買ったものだが、やっぱり買ってよかった」

「この本は、売り切れ続出だったので、電話で取り置きしてもらってから買いに行ったな」

という具合に、自分が本と出会ったストーリーが思い出される。

書店で買うことによって、本の印象が強く残ります。

その結果として、本の内容も頭に残りやすくなるのです。

「探書リスト」のつくり方

「探書リスト」は、ノートとは別の「書き込みシート」です。

僕は、これをA４用紙にプリントした上で、折りたたんでノートに収納しています。以前は、気になった本のタイトルなどを参照しやすいようにノートの巻末などに書いていたのですが、気になる本の数が多くなって対応できなくなったので、別に書き込み式のシートを使うことにしました。

こうしておくと、ノートを使い終わったとき、新しいノートに挟み替えたり、貼り替えたりすることができます。また、書店で本を探すときも、このシート一枚だけ持っていればいいというわけです。

ノートは常に持ち歩いているので、新しく読みたい本が見つかったら、忘れないうちになるべく早く書き加えておきます。

「○○についての本を読みたい」といった漠然とした「思いつきメモ」は、ノートの方にすることもあります。このメモをもとに、ネット検索した結果、読みたいタイトルが出てきた場合は、「探書リスト」に書いておきます。

また、もう少し具体的な本のイメージがある場合、たとえば、テレビを見ていて、学者や作家などの発言に興味を持ったときなどは、「〇〇さんの会社員時代の話の本があるらしい」などと、曖昧なままでも「探書リスト」に書いておきます。

ノートより探書リストに書いておく方が、あとで確実にタイトルを調べることができるからです。


さて、ここで僕の「探書リスト」の書き方を紹介しておきましょう。すべて取り入れる必要はないので、自分の使いやすい形にアレンジしてください。

まずタイトルをメモするときには、頭に次のような記号を付けています。

・単行本……Ⓣ

【探書リストは別紙や付箋を使用】

ノートの最後に挟む・貼る

・文庫……Ⓑ
・新書……Ⓢ
・雑誌……Ⓩ
・その他のマンガ、CD、DVD……㋮ⒸⒹ

なぜ判型がわかるようにしておくのかというと、文庫や新書は書店にまとまった棚があるからです。リストを持って文庫を探し、単行本を探し、また文庫コーナーへ、と移動するより、文庫コーナーの前ではリストアップしてある文庫だけを次々とチェックしていく方が、探しやすいのは言うまでもありません。

前述しましたが、メモしておく書誌データは、よほど特殊な本を除いて、「タイトル」「著者名」「出版社名」の三つがあれば大丈夫です。この三情報と判型を表す記号を付けると、次のようになります。

【書店の棚は5つある】

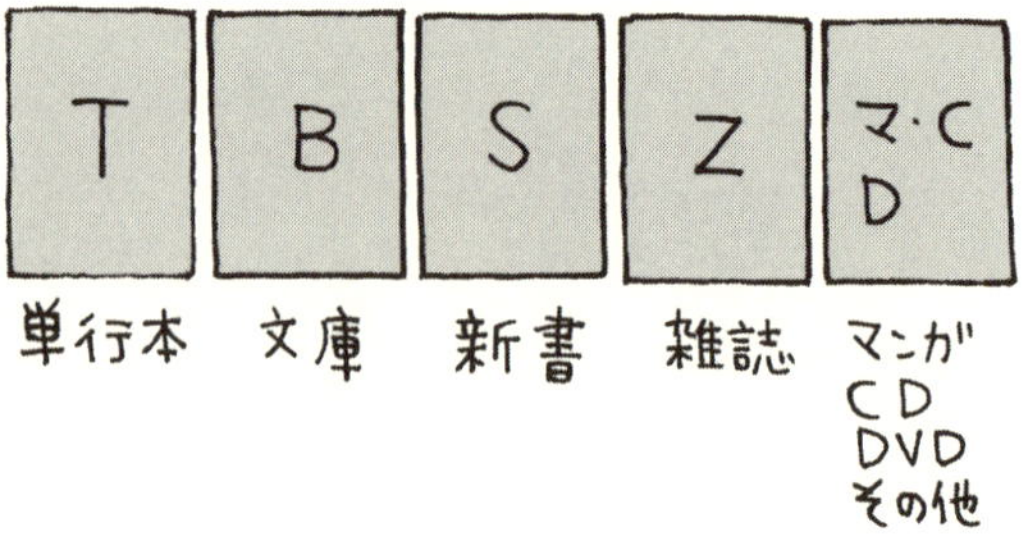

Ⓑ 西郷と大久保／海音寺潮五郎／新潮
Ⓢ 名前の日本史／紀田順一郎／文春267
Ⓣ 3時間で「専門家」になる私の方法／佐々木俊尚／PHP

実際には、著者名や出版社名を漢字で書いていると大変なので、面倒なときはカタカナで書いたり、

講談社……KD
集英社……SE
新潮社……SC
文藝春秋……BS

と、**「ローマ字イニシャル式」**で略したりします。このあたりは、必要に応じてあらかじめ「自分ルール」を決めておくと便利でしょう。

単行本は、よほどのベストセラーを除いてどの棚にあるかわかりづらいので、店員に聞くか検索機を使って探す必要があります。だから、単行本の場合は、文庫や新書の場合よ

り正確にタイトルや著者名、出版社名を書き取っておいた方がいいでしょう。マイナーな出版社の場合は特に注意すべきです。

大型書店では、文庫は、「角川文庫」「ちくま文庫」などとレーベルごとの棚に、著者名の五十音順に本が並んでいます。

だから著者名の苗字くらいは、たとえカタカナでも書いておいた方が探しやすい。

また新書の場合も、岩波新書や講談社現代新書など、レーベルごとの棚があります。

このリストの難点は、何カ月も使っていると、むやみに気になる本が増えてくることでしょうか。いつまでたっても後回しで買わない本は縁がないと考えて潔く消すなど、たまには大鉈《なた》を振るってリストラする必要があります。

リストのデジタル化は一長一短

スマートフォンを持っている場合、「探書リスト」をオンライン化しておくこともできます。ノートをすぐに取り出せないときなど、端末でもリストが見られると便利です。

現在、持っている本や購入予定の本を管理しておくスマホアプリはいくつもあります。

ただ、チェックしたい本をリストアップしておくためだけに使うには機能が多すぎて逆に不便だと感じています。

僕が使っているのは、ネット書店アマゾンの**「ほしい物リスト」**です。この機能は、アマゾンの商品のうち「ほしい物」を登録しておくだけのものです。検索した結果、出てきた本をワンクリックでリストに保存できます。

リストに登録した本は、中身のわかる場合はそのままアマゾンで買うこともありますが、基本的にはさっきも書いた通り、リアル書店で実物の本を見るのに使います。これは紙の探書リストと同じです。

スマートフォンのアマゾン公式アプリを使えば、外出先でもすぐにパソコンと同期されたリストを見ることができます。当たり前ですが、書誌情報は完璧です。

また、パソコンのブラウザに「何でもほしい物リスト」というアドオン機能を追加しておけば、アマゾン以外のサイトで出てきた本や商品、その他の情報でも、「ほしい物リスト」に、追加することができます。

新聞社のサイトで紹介されていた書籍も、ウィキペディアで表示した人物情報なども、ワンクリックで「ほしい物リスト」に追加し、スマートフォンで見ることができます。

たとえば、ネットで歴史の記事を読んでいたとして、「この人物の評伝を日本史の棚で探してみよう」と思った場合、アマゾンで本を探さなくてもそのままその人物の情報を「ほしい物リスト」に登録できる。これは意外と便利です。

家や職場でネットに常時接続していて、気になった本などをすぐにネット検索することができる人は、紙よりこちらの方が便利かもしれません。

一方で、探書リストをデジタル化することには、リストが増えすぎるというデメリットもあります。気軽に登録していると、数カ月もたつと一〇〇冊を超えて、チェック不能になる。これでは探書リストとして機能しているとは言えません。

そのため、はじめのうちは、探書リストは手書きにしておいた方がいいでしょう。手書きは面倒なので、よく考えてリストに載せる本を選ぶようになるし、一度書いてみることでタイトルや著者名がある程度、記憶に残るというメリットもあるからです。

スマホで「ほしい物リスト」を見る

アマゾン公式アプリを使えば、外出先でも家のパソコンと同じように「ほしい物リスト」をチェックすることができる。ただ操作感などは快適と言うにはほど遠い。将来的にはもっと使いやすくなるかもしれないが、現時点では、探書リストは紙の方が合理的だろう。

指名買いの威力

さて、このようにして「探書リスト」に本のタイトルがたまったら、いよいよ書店に行きます。

リストアップした本をチェックして、「買わなくていい」と思ったら、上から線を引いて消す。買ったら「済」や「BUY」とでも書いておきます。

書店でリストに挙げた本を次々にチェックしていくのは、想像以上に忙しいものです。大きい書店には買い物かごがあるので、それを使って、次から次へと品定めしていきます。そうして、買った帰りの電車で、リストを消していくのもなかなか気分がいい。

他にも、仕事中にリストを見ながら、「会社が終わったら、このあたりを一気に片づけに行こう」などと考えたりするのも楽しみになります。

さて、一般的に書店に行くときのニーズには、次の三パターンがあると思います。

①何も決めていないが、なんとなく本が読みたい

②あるジャンルやシリーズ、特定の著者の本が読みたい
③『〇〇〇』というタイトルの本が読みたい

といったものです。

昔なら、①か②の段階でもとりあえず、本屋に行ってみるしかありませんでした。

「海外ルポを読みたい」と思ったら「ノンフィクション」の棚、「英語を話せるようになりたい」と思ったら「語学」の棚、というように。

ところが今は、①②の作業はウェブ上で済ませて、③の状態で書店に行くことができます。これはリアル書店を活用する上でもいいことです。英語学習法の本など、正攻法からトンデモ本まで、掃いて捨てるほどあるわけで、下調べもせずへたに棚の前に立ってしまうと迷うだけでしょう。迷うどころか、いつになっても本当に役立つ本にたどり着くこともできません。

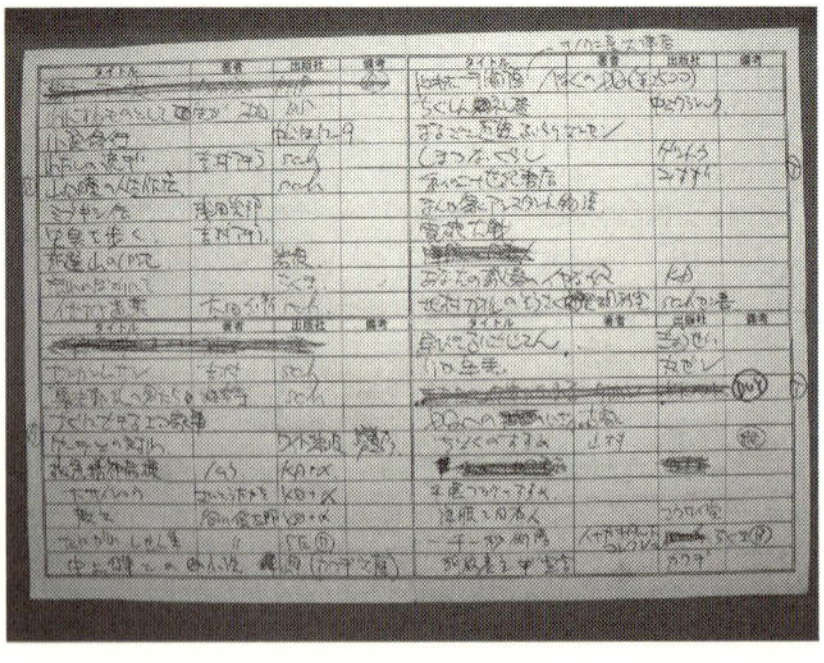

探書リストを持って書店に行く

気になる本のタイトルが書かれた「探書リスト」を持って、書店で現物を確認。この方法だと、短時間でも充実した書店滞在になるし、「せっかく行ったのにおもしろい本がなかったな」といった気分になることもない。

今ならたとえば、「英語を勉強したい」と思った場合、家や会社を出る前に、あらかじめアマゾンなどで数冊リストアップし、「探書リスト」に書いておくことができます。これさえしておけば、実際の棚の前では、リストを出して、どれが買うに値するか判断するだけで済みます。

家で冷蔵庫の中を見て、買い物メモをつくってから行けば、スーパーで買い物の時間を短くできる。これと同じ理屈なのに、書店に「探書リスト」を持って行く人はあまりいません。

また、このリストがあれば、特に新書は速く買えるようになります。ビジネスパーソンの中には、新書ファンが多いでしょう。近年の新書は、学者が書く昔ながらの「教養新書」から、ビジネス書や実用書へと移行しています。安くて軽いので、どんどん買って、乱読するのにもってこいです。

そんな新書のリストをつくるときにぜひおすすめしたいのが、**「通し番号」**を控えておくことです。

新書は、多くの場合、ジャンルでも五十音順でもなくレーベル名（新書名）ごとに「通し番号」で並んでいます。番号は刊行順を表しています。

新書の場合、著者名だけでは棚のどのあたりにあるかわからないので、レーベル名と通し番号が著者名より重要な手がかりになります。

例を挙げると、新書を探書リストにメモする場合は、先ほどの「Ⓢ名前の日本史／紀田順一郎／文春267」のように、通し番号も書いておきます。

Ⓢ鎮魂　吉田満とその時代／粕谷一希／文春436
Ⓢ相手に「伝わる」話し方／池上彰／KDG1620
Ⓢ日本経済を学ぶ／岩田規久男／ちくま512

レーベル名は出版社が出している各新書のシリーズ名のことです。一つの出版社で複数のレーベルがあることもあります。たとえば講談社の新書には、「講談社現代新書」と「講談社＋α新書」「講談社ブルーバックス」があるので、間違えないようにします。

講談社現代新書＝講談G（またはKDG）、講談社＋α新書＝講談α（KDα）などと区別しておきましょう。また、岩波新書は、赤、青、黄、新赤とカバーの色で四種類に分類されているので注意が必要です。

新書の場合、一番大事なのはレーベル名と言えるでしょう。

新書は著者名やタイトルがわかっていても、レーベル名がはっきりしない限り、どこの棚を見ればいいかわかりません。

　文庫なら出版社別に著者名の五十音順で並んでいるので「たぶん新潮、なければ文春、いや角川か」と探すことができるけれど、新書の場合はそうもいきません。結局、単行本のように、タイトルや著者名で検索してレーベル名を明らかにするしかないのです。

　逆に**「レーベル名＋通し番号」**があれば、タイトルや著者名は不要とも言えます。

　特定のジャンルについて新書でざっと読んでみたいとき、たとえば「中国の経済発展」について、新書を渉猟《しょうりょう》したければ、ネット書店などで「中国経済」とキーワード検索し、ヒットした本を、次のように「レーベル名＋番号」だけでリストアップしておきます。

○中国の経済発展についての新書
文春……588／469／312

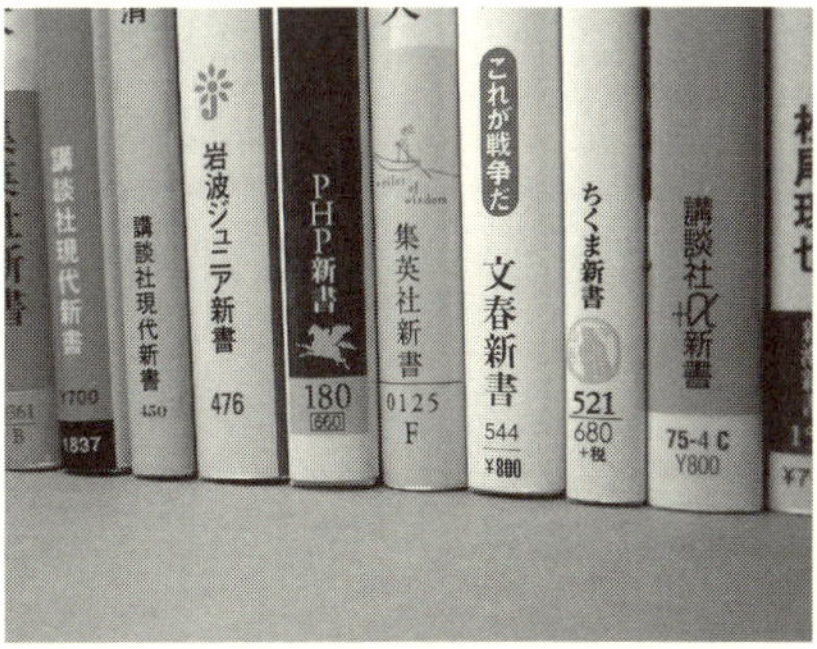

新書は番号で探す
気になる新書はレーベル名に加えて、通し番号をメモしておくと棚からすぐに探し出すことができる。棚は番号順に並んでいるので、番号が飛んでいれば、品切れだとすぐにわかる。

中公L※……247／66
中公……1897
集英……0315A
ちくま……559／163
PHP……178
岩波……新赤601

※中公新書ラクレ

あとは、このメモを持って書店の新書コーナーに行き、片っ端から本を見ていく。こうすれば、タイトルも著者名もメモする必要がありません。

たとえば、英語を勉強したくなったり、昆虫採集やモータリゼーション、労働問題、地方経済の再生について知りたくなったりと、急に何かに興味がわいてくることはよくあります。そんなときは、この方式で「探書リスト」にメモし、すぐに書店に向かいましょう。

日常生活を取材現場に

ただ、本をリストアップするためといっても、わざわざパソコンを立ち上げてインターネットで検索するのは面倒です。それなら、書店に足を運んだ方が早いかもしれない。

ここで重要になるのが日ごろからの情報収集、よく「アンテナを張る」と言われていることです。感度を高めて、特に意識しなくても日常的におもしろい本の情報が集まってくるようにしておく。このことで、読みたい本はいくらでも出てくるので、ウェブで本を探す必要もありません。

本の情報に限らず、情報に対する「アンテナの張り方」を考えるときは、次のようにイメージするとわかりやすいのではないでしょうか。

潜水艦には**「アクティブ」**と**「パッシブ」**の二つのソナーがあります。アクティブソナーの方は自分で出した音波が跳ね返ってくるのを計測し、パッシブソナーは対象の船や潜水艦が発する音をキャッチする。主に使われるのはパッシブソナーの方だそうです。

人間も、まず研ぎ澄ますべきは**「パッシブ」**です。

つまり、普通に生活していて触れる情報、たとえば新聞、雑誌、書籍、テレビなどから本につながる情報をできるだけキャッチし、興味を持ったタイトルや分野を「思いつきメモ」でノートに残しておきます。

その上で、たとえば新聞で紹介されていた自転車通勤に興味を持ったら、「自転車」でアマゾンを検索する。時代小説にハマったら、知り合いにおすすめの小説がないか聞いてみる。北朝鮮の体制に興味を持ったら、本屋で「国際政治」の棚を見てみる。

こんなふうに、日ごろの「パッシブ」な情報収集から、必要に応じて「アクティブ」な情報収集に切り替えます。

たとえば、テレビでアメリカンニューシネマのロードムービーをやっているのを見て、ロマンをかき立てられたら「放浪体験のノンフィクションが読みたい」とメモしておきます。そして、時間があるときにネットでその分野の本を探すわけです。

興味や関心も、書いておかないとすぐ忘れてしまいます。テーマやキーワードなど、一言でも書き付けておくことが、良書との出会いにつながるのです。

いつからか「何事にも好奇心を持とう」とよく言われるようになりました。それは確かに大事なことですが、同時にメモを取らなければただの散漫な思いつきに終わってし

【情報収集の方法は2種類】

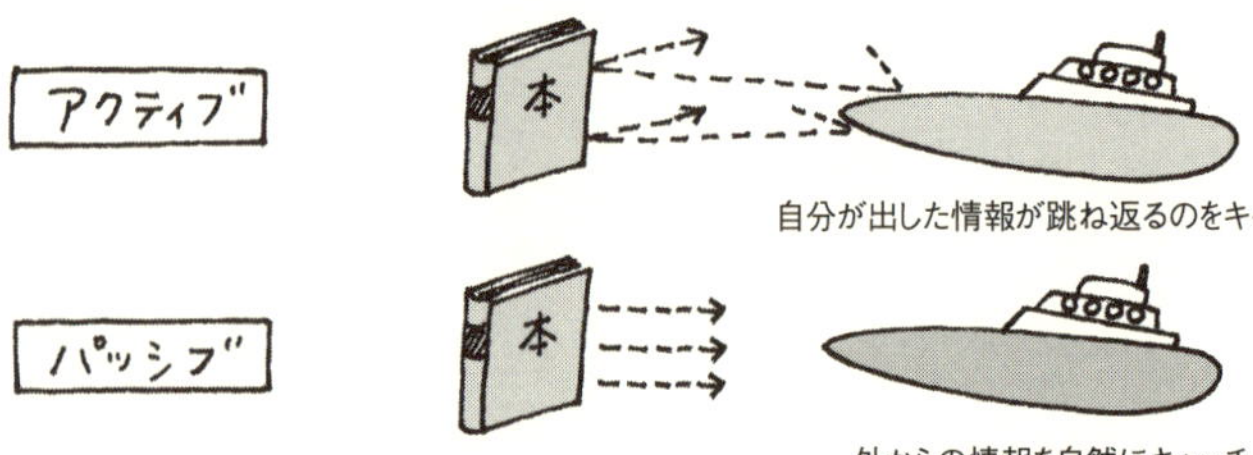

自分が出した情報が跳ね返るのをキャッチ

外からの情報を自然にキャッチ

まうのも事実です。

その場の思考は沸騰したお湯の泡みたいなもので、一瞬だけのものです。でも、走り書き程度でも、一応メモしておけば、何もメモしないのとは大違いでしょう。メモがあれば、どんなささいなことでもそこから思考を広げて展開することができます。

ノートやメモ帳を常に携帯し、ペンも家のすべての部屋、枕元、カバン、上着、ズボンと思いつく限り用意しておきましょう。このような万全の受け入れ態勢があれば、自然とアンテナの感度は良くなってきます。器をつくれば中身は自然と集まってくるものです。

リストをノートと連動させる

もし新聞や雑誌の書評記事を見て、ある本が読みたくなった場合は、タイトルを「探書リスト」に書いておくと同時に、その記事もノートに貼っておきましょう。

本を読み終わったときには、買うきっかけになった書評をもう一度見たくなるものです。

そんな場合、書評がノートに貼り付けて保存してあれば、すぐに読み返すことができます。さらに切り抜いたときにコメントも書いてあれば、その本を読む前の自分の考えもわかっておもしろいものです。

僕の場合、書評の他に、雑誌や新聞に載っている「○○さんが選ぶ一〇冊」や「△△を知りたい人のためのブックガイド」なども、切り抜いてノートに貼っておくことがあります。

貼った時点で、強い興味を感じる何冊かは「探書リスト」に転記しておき、さらにそのリストの本を買い進めるべきだと思ったときは、もう一度ノートを参照して、追加で残りの本をリストアップしていきます。

こうしておくと、仮に買いまくって「探書リスト」が空になったとしても、すぐに補充することができます。

結局、大事なことは**「読書に関係する情報を散逸させない」**ということです。「読書情報」は読書ノートと探書リストだけではありません。インタビュー記事も国際ニュースも、友達の話も、街で見かけた光景もあらゆるものが本探しにつながっていくからです。

このように日常生活で「取材」をするようにすれば、読書ノートとその他という分け方はうまくいかないことがわかるでしょう。


日常のメモや記事のスクラップ→探書リスト→読書→メモやスクラップの読み返し

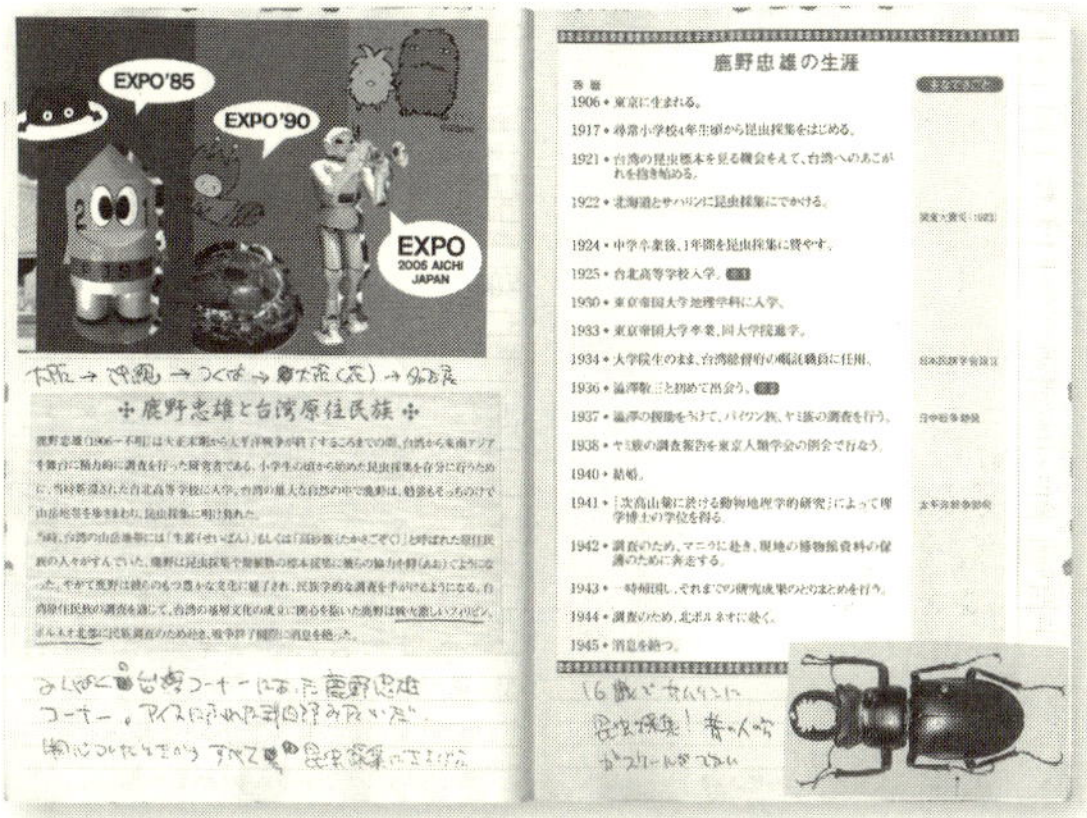

あらゆる情報が読書につながる

年表やグラフ、写真なども興味を覚えたら貼り付けて保存している。はじめて読んだときは、漠然とした感想だとしても、ノートに貼って読み返すことでだんだんハッキリしてくるケースも多い。

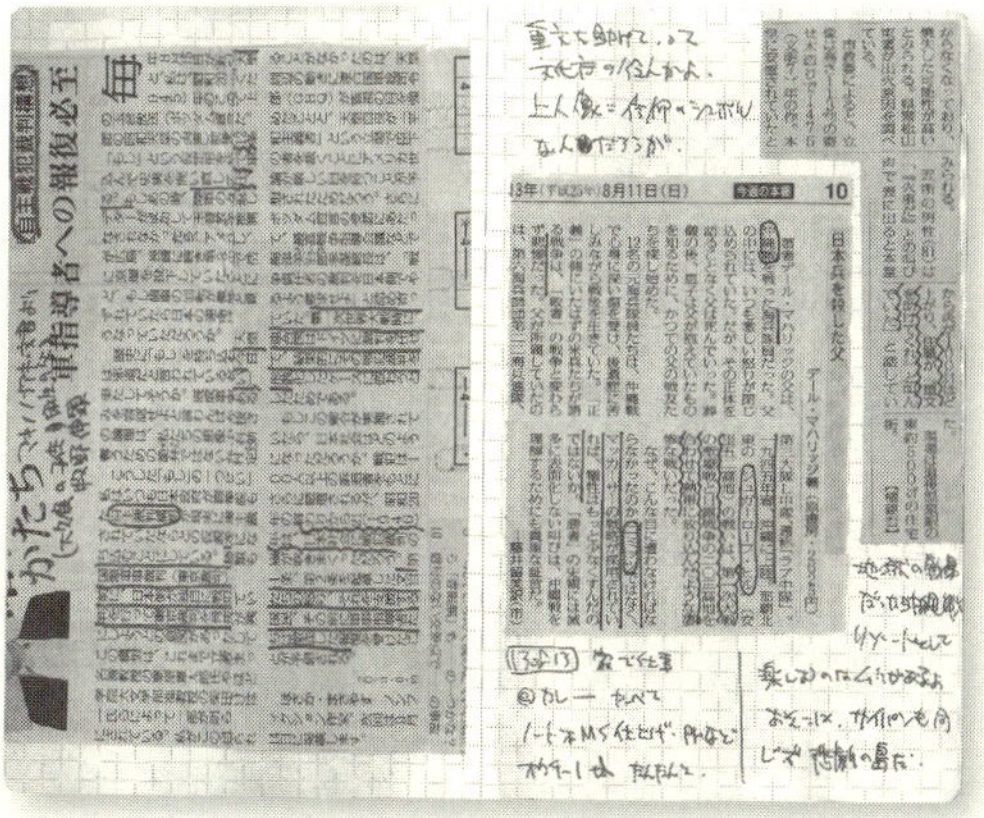

新聞記事で関心が広がる

本探しのきっかけになるのは、問題意識や好奇心。それらを育てるために積極的に利用したいのが新聞記事だ。ユーザーの志向に合わせたニュースばかり出してくるネットと違って、思いがけない情報に出会えるところが新聞のメリットだろう。

というプロセスも、読んだことを財産にする作業の一環なのです。
ノートにまとめておけば、この作業がいつでも気軽にできます。

本探しがはかどる「ハブ本」を探せ

「探書リスト」のネタ元として、僕が一番頼りにしているもの。それは**「本で紹介している本」**です。

新書によくあるジャンルの入門書なんかを見ると、最後に参考文献の一覧が付いていることがあります。まず、ここでおもしろそうな本をチェックします。

さらに、読み進めているときにも、文中で「作家の○○氏は著書『××』の中で次のように述べている」などという記述から、本のタイトルを拾っておきます。

ただし、このリストをすぐに書店に持って行っても手に入らないことの方が多い。古典名著のたぐいであっても、驚くほど店頭にないものが多いので、事前にネットでチェックしておきましょう。

読みたい本が見つかるのは、この「本の中で紹介されているパターン」が一番多いような気がします。さらに、読んだ結果、おもしろかったと思う本も、広告や書評より、この「本で見つけた本」が多い。

その理由は、広告はあくまで出版社の宣伝であり、書評は、掲載自体が第一の目的となっているせいではないでしょうか。

各メディアは、毎週なり毎月なり連載などの枠があって、毎回そこにふさわしい本を探しています。取り上げられるのは、その時期に売れていたりメディアのテーマに合った本であって、「オールタイムベスト」を紹介してくれるわけではないのです。

本の書き手は普通、本を年に何冊も出すことができません。だから、自分の「本の中で紹介する本」は、著者にとって、何年もの読書を通じたとっておきの本であることが多いのです。

また、「読んだ本からさらにそこで紹介されているテーマが重なる本へ」と読み継ぐことで、より知識の体系化を進めることもできます。本の中で、おもしろそうな本に出会ったときには、「へえ、こんな本があるのか」で終わらせないことが肝心です。

さらに、『○○のための読書案内』など、たくさんの本を紹介しているブックガイドも役に立ちます。

カタログ的なものは味気なくて読み進めるのがしんどいので、読書エッセイのようなものがいいでしょう。他に、新書などによくある、メジャーな文献からの引用で成り立っているような入門書も、本探しには最適です。

僕はこのような、どんどん他の本につながる本を**「ハブ本」**と呼んでいます。「ハブ」とは車輪の中心のことです。世界的な乗り換え空港のことを「ハブ空港」と言ったりしますね。この「ハブ本」を基点に本をリストアップすれば、どんどん読書の幅を広げていくことができます。

新聞と雑誌書評のクセをつかむ

本章の最後に、新聞書評の読み方について詳しく書いておきましょう。

新聞の書評は、新聞社によって違いますが、大まかに言うと文化部と学者や評論家、作家などでつくる書評委員チームが担当しています。

各紙によって、メンバーが異なるので、当然ながら取り上げる本も違ってきます。

では、その中で「自分のアンテナに引っかかる本」を紹介してくれるものをどうやって選べばいいのでしょうか。

一つ目の方法は、**新聞社の編集方針**で判断することです。当たり前のことですが、日経新聞は経済紙なので、経済の本、ビジネスの本が取り上げられることが多い。保守色の強い産経新聞は、太平洋戦争や日本史をテーマとした本が多いといった具合です。朝日新聞や読売新聞は、オールジャンル、バランス重視といったところでしょうか。

新聞社のカラーでピンとこない場合は、**評者**で選びます。書評委員会のメンバーに、自分の感性に近い人が多い新聞を買うわけです。

これを判断するのに一番いい方法は、図書館に行って、各紙の日曜版を過去数週間にさかのぼって読んでみることです。足を運ぶのが面倒な人は、日曜日にコンビニで主要な新聞を買って比較してみるとよくわかります。

参考までに、僕の「お気に入り書評」を書いておくと、一番よく読むのは毎日新聞、次が産経、読売という順番です。朝日新聞もいい新聞だとは思いますが、好みに合いません。

毎日新聞の書評欄で好きな評者は、荒川洋治、川本三郎という大ベテランの両氏。産経新聞では、石原千明氏の文芸批評を楽しみにしています。

このように、自分なりにお気に入りの書評欄をいくつか持っておくと、新聞も読みがいがあります。

まずは、新聞や雑誌の気に入った書評をノートにスクラップしてみましょう。切り抜いたり読み返したりを続けているうちに、自分の感性に合う評者が浮かび上がってくるはずです。

新聞書評は一週間かけて読む

書評の読み方にもコツがあります。

まずは、他の記事のように読み流すのではなく、興味のあるものはじっくり読むこと。この**「熟読」**ができるということが、新聞や雑誌といった紙媒体の強みだと思います。

僕も、たまに新聞社のサイトで書評を見たりすることがあります。ところが、はっきり言って全然読めていません。「ウェブの場合、一つのページにユーザーがとどまるのはわずか数秒」という調査報告もあるくらいで、無意識のうちにページをジャンプしている自分に気がつきます。

どうもネットというのは、「じっくり読む」ということを許さない環境のような気がします。結局、ネットでは「ああ、こんな本が紹介されているな」という程度で終わってしまいます。

反対に紙媒体は、書評をじっくり時間をかけて読むのに適しています。

僕は、家で読む時間がないときは、新聞の書評ページだけを切り取ってカバンに入れておくことにしています。移動中などを使って、何日かかけて読み、気に入ったものはノートに貼って、さらに線を引いてコメントを書き込んだりする。

さらに、その本を買って読んだときには、ノートに貼った書評を読み返してみます。こうすることで評者や過去の自分の考えを比較し、その本の内容について、より多角的に考えることができるのです。

また、書評は、理解の助けにもなります。書評記事というのは、その本を読んでいない人に向けて書かれた文章です。だから、まずは本の概要を説明しています。それか

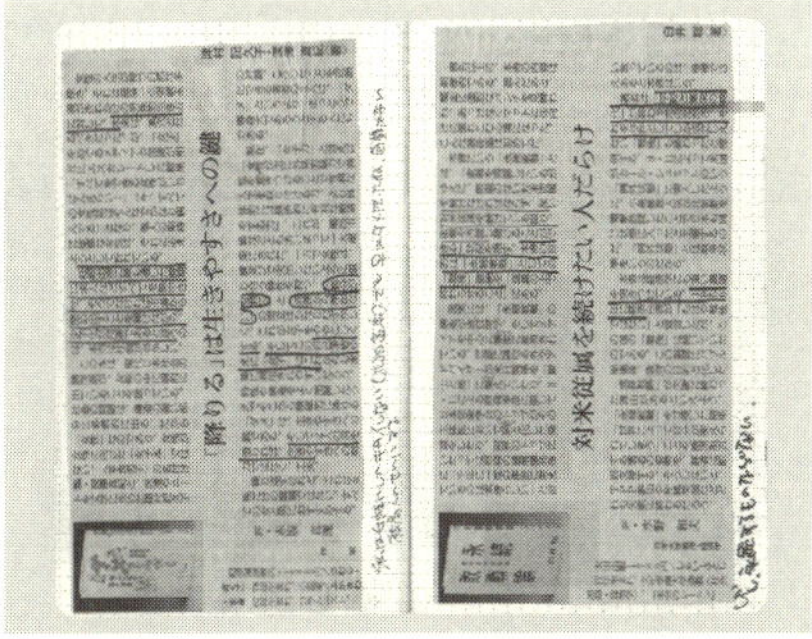

書評はノートに貼って熟読

気になった書評はノートに収録しておこう。マーキングしながら何度か読み返していると、見落としていたことに気がついたりする。紹介されている本を読んでから、書評記事を読み返し、自分の感想と比較したりすると興味深い。

ら、評者の感想になるので、前半を読むことで、その本の骨子や話の展開が整理されるわけです。

書評をノートに貼っておけば、気になったときにすぐ読み返すことができるし、ちょっとした空き時間に、切り抜いておいた書評記事を読み返すこともできます。

ノートを使って書評と深く付き合えば、読みたい本との出会いも増えてくるでしょう。

NOTEBOOK

第3章

読んだ内容を財産にする「読書ノート」のつくり方

成果を可視化する効用

この章は、五段階ステップの **「③読む」「④記録する」** について語ります。

ノートを使った読書術のハイライトとでも言えばいいでしょうか。ここからメモ書きでなく、本格的にノートに手書きする作業が出てきます。

「読書ノートを書いてください」と言えば、一も二もなく次のような疑問が飛んできそうです。

「やったことはあるが面倒で続かなかったぞ」

「ものすごく大変なんでしょう?」

「そんなことをして意味があるのか?」

読書ノートといっても、論文作成のための研究ノートのように、ぎっしり文字が詰まったものもあれば、メモ書き程度のものもあります。たとえば、

「二〇一三年八月五日、『○○○○』読了。期待以上におもしろかった」

と、この程度であれば、誰でも続けることができます。

「こんな適当なものでいいわけがない！」と思う方も多いでしょう。

しかし、僕はこの程度でも「読書ノートの効果はある」と断言します。継続できることが、第一のハードルだからです。

何年、何十年と続けることができてはじめて、記録したことを参照したり、詳しい読書ノートをつくったりといった応用が利くようになるのです。だから、**「継続できること」**はすべてに優先します。

先ほどの例だと、八月五日に『○○○○』という本を読んだこと、おもしろかったこと、それ以外は何もわかりません。けれども、読書という体験を目に見えるかたちで残しておくことができます。

これをやるのとやらないのとでは大違いなのです。

読書家で知られるフランス文学者の鹿島茂さんは、エッセイの中でこのように読書ノートの効用を説明しています。

「(前略)なにも本を最後まできっちりと読む必要はない。それよりも、どんなかたちであれ、その本がなにがしかの痕跡を自分に残したと感じるような工夫を講じることが大切なのだ。それには、著者名と題名、それに少しの引用、遭遇時情報などだけでも、とにかく読書日記をつけてみることが最も有効な方法なのである」(『うらやましい人』「'03年版ベスト・エッセイ集」日本エッセイスト・クラブ編/文藝春秋)

読書ノートは**「続けること」**に意味がある。大それたものを書く必要はない。まずはこういう感覚で、気負わずに始めてしまうことです。

読書ノートをつければ読み方が変わる

読書ノートをつける前提で、ある本を買って読む。

これだけで、読書の意識は大きく変わります。

よく「人に教える目的で本を読むと身につく」と言いますが、基本的にはそれと同じだと思います。**アウトプットを前提**とすることで、インプットの質が上がるわけです。

ノートに文章を書くことは、話すこと以上のメリットがあります。

たとえば、僕の読書ノートの中には、**「本の抜き書き＋自分の感想」**という組み合わせで書かれているものがあります。

文章を書くのはなかなか骨が折れる行為です。誰も仕事を終えて家に帰ってきてから、二時間も三時間も机に向かいたいとは思いません。だから、読書ノートの作成はできるだけ簡単に済ませたい。記述はできるだけ短く、かつエッセンスを逃さないように。

すると、何が起こるか。

抜き書きをする箇所は厳選し、自分の感想コメントは短い言葉で深い意味を込めるようになるのです。

こうした濃い読書ノートを書くためには、一冊の本を読み終わったあと、どのページのどの行を引用して、読書ノートをつくるか、書き出す前に考えなければなりません。

「ここもあそこは、ほとんど同じことを言っているけれど、あとで読み返したときに伝わりやすいのはここの方だな」

「このページは、著者が伝えたいことのメインではないが、それ故に本音がむき出しになっている」

「この印象的なフレーズさえ書いておけば、ダラダラと説明を書かなくても大丈夫だな」

こういったことを考えながら、抜き書きする文章を選んでいきます。

すると、何度も繰り返し読むことになります。

さらに、意味のわからないことはさすがに書き写せないので、理解できるまで読み込む。知らないうちに、三~五回くらいは読んでいることになります。

逆に言うと、どうしても理解できないところや興味を感じないところは読書ノートに書かないのできちんと読む必要はないことになります。

だから、積極的に「読み飛ばし」「ナナメ読み」をする。これによって、いい本のいいところだけに注力するというメリハリの効いた読書ができるようになります。

目的を「読了する」から**「読書ノートをつくる」**に変える。それによって、自然と読書のアプローチが変化してくる。「読んだから読書ノートをつくる」のではなく、**「読書ノートをつくるから読む」**のです。

【読書ノートを書く前提で本を読む】

へえ〜
無目的な読書は
・作業的、単調になる
・読了後の振り返りが困難
・記憶・記録に残らない
・情報の摂取にとどまる
読書ノートに
なに書こう？
読書ノートの前提があると
・緩急をつけるので速読できる
・チェックしながら読む
・記憶と記録に残る
・自分の反応を重視する
・自然と理解できるまで再読する

読書ノートは「一言」でいい

読書ノートの書き方にもコツがあります。

簡単に言うと**「自分にとって大切なこと」**に徹底してフォーカスすることです。

読書の目的は、何かを自分なりに学ぶことです。評論家のマネをしても仕方ありません。自分にとって本当に役立つ知恵や言葉を咀嚼し、吸収していくことが一番大切です。

逆の言い方をすれば、自分にとって不要な情報は思い切って捨ててしまってもいい。必要なことだけに着目し、それを自分の体に落とし込むことこそ重要なのです。

ならば、読書ノートに書く感想が「一言」だっていいはずです。

「全体的に多くのことを学べた」という本もあれば、「大半はどうということもなかったが、ごく一部のページに大いに啓発された」という本だってあります。国語のテストではないのだから「著者が何を伝えたいのか」ばかりを考える必要はありません。

感想を書いておく場合にも、気取った言葉や借り物の考えではなく、自分がどう感じたか、どう思ったか、本音を記すことに意味があります。

たとえ一言でも、自分の本物の言葉が書ければ、読書ノートをつくった甲斐がある。付け加えれば、書くという行為は、**自分の考えを整理する**という意味もあります。

たとえば、冒険もののノンフィクションを読み終わったとき、読書ノートに「この人すごいなあ！」と書きたくなるとします。

ペンを取ったときに、「まてよ、〝何が、どうすごいのか〟を書いておかないと、あとで読んだときにわからないぞ」と考えが働く。すると、

作者は、体力より精神力がすごいのではないだろうか。普通の感性では、目が見えなくなった時点で絶望してしまうだろう。仮にもっとパワフルな人でも生還できないに違いない。なぜ著者はこんなにメンタルが強いのか？

と、このように、自分の感じたことを詳しく書くことができ、さらに思考を展開させていくことができるわけです。

一言のつもりが、案外いろいろ書くことが出てきた、というケースもよくあります。書くことがないように感じても、とにかくペンを取ってみることが大事です。

なぜ読書ノートは続かないのか？

ところで、多くの人が読書ノートを継続できないのは、なぜでしょうか？

僕は、専用のノートをつくってしまうことに原因があると思っています。

日記を一旦サボると復帰するのが難しいように、しばらく書かなかった読書ノートを、また開いて書き出すのは、ものすごく抵抗を感じるものです。

小学生のころ、夏休みに町内でラジオ体操をやっていました。早起きして参加すると、日付ごとの四角い枠の中にハンコがもらえる。厚紙でできたカードに赤いハンコが並ぶのは爽快です。反対に、空白だらけになると、なぜか嫌な気分になります。

ただのハンコが、モチベーションに大きく関わってくる。これは理屈ではなく、本能的なものなのでしょう。

読書ノートも同じような面があります。

つまり、空白や頻度が落ちるとやる気が失われる。何日か開かなかったノートを開いて何かを書くのは、なぜか億劫に感じるのですね。

反対に、ラジオ体操のハンコのように、一言でも何かを書いておくと充実感を覚える。本の感想専用のノートを決めてしまうと、書き込むのは本を読み終わったときだけになります。毎日一冊以上読了するのでもない限り、使用間隔が開きすぎるのです。

一方、継続するためには、ある程度、融通が利かせられることも大切です。

時間がないときには、抜き書き箇所を厳選したり、何かを貼って記録の代わりにしたりして、簡単に済ませる。

また、電車やバスの中やちょっとした空き時間でも、気が向いたら、メモ用紙に読んでいる途中の本や読み終わった本の記録を書き、あとでノートに貼っておく。

読書ノートを継続するためには、決して杓子定規にやろうとしないことが肝心です。かたちはどうあれ、継続してさえいれば、そのうちにじっくりと読書ノートを書きたくなり、実際に書くという機会もやってきます。

読書ノートなら財産にできる

具体的なつくり方を説明する前に、なぜ読書ノートをつくると本の内容がより頭に入るのかを説明しておきましょう。

まず、読むときに読書ノートに記録することを前提とすることで、**読み方が「ぐっとくる箇所」を探す作業になってくるからです**。

「作業」というと、いい印象を持たないかもしれませんが、あくまで読書ノートをつくるための工程だという意味です。

ノートに盛り込むことを探すという前提で読めば、

「ここらへんは知っていることばかりだから、ザッと流すか」

「このあたりは新鮮なことが書いてあるな。注意深く読み進もう」

というふうに、探しながら「あたり」をつけて読むようになるのです。

僕はこれを**「サーチ読み」**と呼んでいます。「ナナメ読み」「流し読み」と似たようなもので、要は我流の速読です。

自転車では、傾斜によってギアをこまめに変えるのが効率的に走るコツだと言います。本を読むときでも、よく引っかかるところは低いギアでしっかりと、抵抗がないところは高いギアですべるようにと、ギアを切り替えながら読む方が、疲れにくく短時間で本が読めると感じています。

要は、読書を自分にとっての**「重要箇所を抽出する作業」**ととらえるわけです。

そうすれば、余計な枝葉を払うように、おのずと本を読む目的意識が絞られてきます。「何のためにこの本を読むのか」という目的意識は探書リストをつけることによっても養われているので、ここで再び確認することになります。

さて、読書ノートをつけるもう一つの効果は、**記憶への定着がよくなる**ことです。

詳しくは次項で説明しますが、読書ノートをつくろうとすると、読むとき、ペンでチェックするとき、読書ノートを書くとき、と何度も読むことになります。その結果、普通に読むより数倍も印象に残るようになる。その上、手書きで抜き書きした場合には、なおさらです。

読書ノートを前提に本をさばく

効率よく読書ノートをつくるためには、読みながら下準備を進めておかなければなりません。読み終わったあと、「あのいい言葉はどのページだったっけ？」と探すのは二度手間です。

いざ読書ノートをつくろうと思ったとき、何のチェックもしていない本だと、作業が面倒に感じてしまいます。だから、読んでいる段階から下準備として簡単にマーキング（印付け）をしておきます。

本へのマーキングは、さまざまな方法があります。

ただ、読み進めながらマーカーで線を引いたり、三色ボールペンで印を付けたりと、一度に全部をやるのは、現実的には難しいと思います。ペンを取り出したりすると、本に対する集中が中断されてしまうからです。それに、特定のペンがないと、いつものように本が読めないのであれば、「いつでもどこでも楽しめる」という読書の醍醐味が失われます。

では、どうすればいいのでしょうか。

僕が提案したいのは、次のように、最重要箇所を段階的に洗い出していく**「スクリーニング作業」**のような読み進め方です。

通常は、次のような工程を踏みます。

①通読

普通に読みながら「いいな」と思ったところはページの上の角を折っておく。

②再読

読了したら、角を折ってあるページだけを読み返していく。その際、「あらためて、いいな」と思ったところだけ、ページの下の角を折っておく。

③マーキング

上下の角が折られたページだけを読み返し、「三度目だが、やはりいいな」と思ったところだけ、ペンで印を付けておく。

読書ノートをつくるのに使うのは、この③でマーキングされた文章のうち、さらに読み返しても「いいな」と思う文章だけです。

このように段階的に選抜していくと、本がアンダーラインだらけになって、一体どこが一番よかったのかわからないという事態にはなりません。

もし、しばらくしてから「あの素晴らしい文章はどこにあったっけ?」と思ったときも、まずマーキングしてある文章を見ていき、そこになかったら「上下の角が折ってあるページ」、それでも見つからなければ「上の角だけが折ってあるページ」と捜索範囲を広げていけばいいわけです。

【重要箇所を段階的に洗い出す】

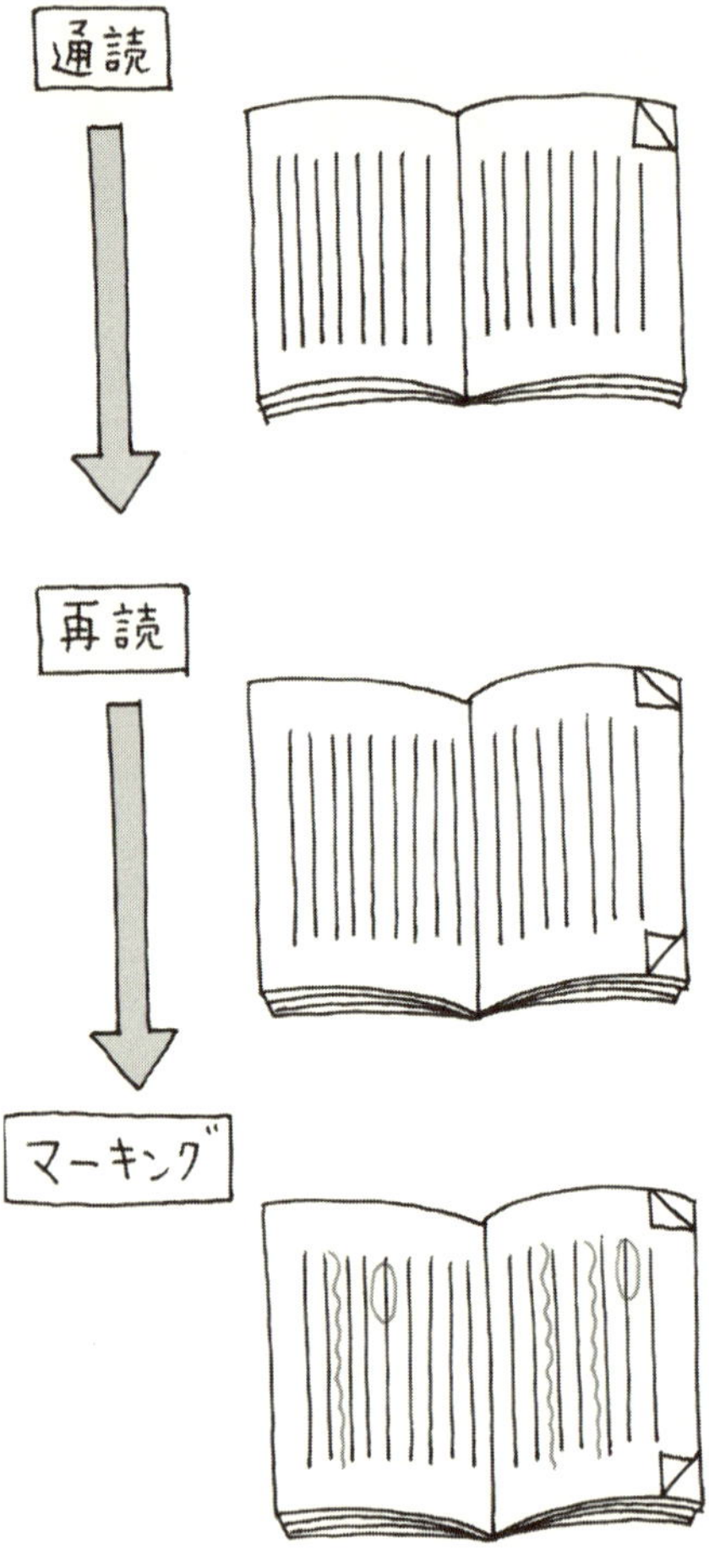

「いいな」と思ったところは
ページの「上」の角を折る

角を折っているページのみ
読み返し、
「あらためて、いいな」
と思ったら、
「下」の角を折る

角の折られたページを
読み返し、
「3度目だが、いいな」と思ったら
マーキングする

ちょっと問題なのは、あるページの上の角を折って、その裏に続いているページも「いい」と思ったとき、折る角がないことです。この場合、僕は、下の角を折ることにしていますが、そうすると今度は再読のときに折る角がなくなって……。

まあ、たとえこのせいで重要なページをマーキングすることができなかったとしても「縁がなかったな」と考えるくらいの方が精神衛生上いいと思っています。

「読みながらさばく」方法

分厚い本や難解な本を読んでいるとき、または旅先などで、ただ読むのに飽きてきたときなど、状況によっては、この①②③の作業を並行させることもあります。

そんなときは、それぞれの作業の中断箇所がわかるように付箋を使います。

たとえば、次のような具合です。

・付箋を三枚用意する（通読しおり・再読しおり・マーキングしおり）
・「①通読」をしていて、中断するときは「通読しおり」を貼っておく

・ある程度、読み進んだら、読了してなくても「②再読」を始める。中断するときは「再読しおり」を貼っておく

・ある程度「②再読」の作業が終わったら「③マーキング」を始める。中断するときは「マーキングしおり」を貼っておく

・三つのしおりが用済みになったら、読書ノートづくりの準備は完了

これなら、読んでいるとき、ペンや鉛筆を持つ必要はありません。読むときは読む、マーキングするときはペンを持つ。読み進めるのに飽きてきたら再読したり、マーキングしたりと、本一冊で手の動かし方にバリエーションが出せます。

僕の場合は、電車の中で立っているときは、「①通読」をしてどんどんページを進めることに集中します。そして、途中で座席が空いて座ったら、「②再読」をしたり「③マーキング」をしたり、と状況に応じて行動を変えています。

このように、読んだそばからマーキングしていくと、角を折ってあるページのどの文章に自分はピンときたのか、忘れてしまうこともありません。

【読みながらさばく方法】

① 付箋を3枚用意する

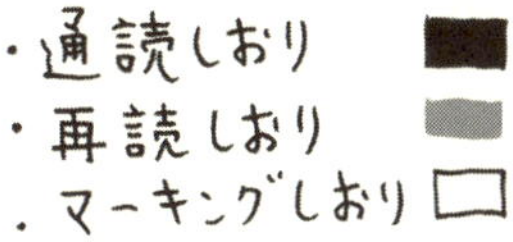

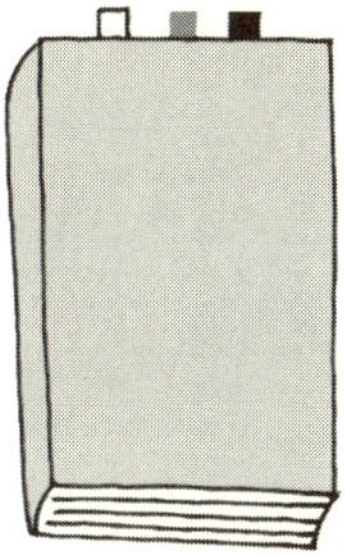

② 読むのを中断するときは
「通読しおり」を貼る

③ 読了しなくても再読スタート。
中断するときは
「再読しおり」を貼る

④ 再読が終わった箇所をマーキング。
中断するときは
「マーキングしおり」を貼る

⑤ 3枚の付箋を動かしながら
同時に作業を進める

本と対話するマーキング・テクニック

線を引くのによく使うのは、紙巻式の色鉛筆、**黄色のダーマトグラフ**（付録参照）です。『考える技術・書く技術』（板坂元／講談社現代新書）に教えられて、愛用するようになりました。

便利な点は、蛍光ペンと違って、ペン先の乾燥を気にしなくていいこと。文字の上をなぞっても読みにくくならず、モノクロコピーしたとき印刷に出ないのも利点です。

鉛筆より太いのでキャップがはまらないのが難点ですが、マーカーやボールペンのキャップを代用したりして携帯しています。

このようなマーキングしても読む邪魔にならないペンではなく、ボールペンや鉛筆など普通のペンを使うときは、できるだけ最小限の線を引くことを工夫しています。

たとえば、次のような線の使い分けです。

・通常線「――」

「まあ大事」「客観的に重要」「一応、頭に入れておきたい」というところに引く

・波線「〰」

「すごく大事」「主観的におもしろい」「忘れずにどこかで活用したい」というところに引く

・マル囲み「○」

重要な固有名詞、キーワード、キーフレーズなどが〝アイキャッチ〟になるよう囲んでおく

線だらけになると再読するときに目障りなので、線を引く部分はできるだけ少なくしておきます。たとえば、次のようなかたちです。

> 『後漢書』の記述を通して、全体として注目したいのは、倭国に、朝鮮半島との交流だけではなく、中国と直接に交渉するルートが開かれたことである。日本列島の文明化には、朝鮮からと中国からの二つのルートが存在し、複雑に絡んでいた。（『ヤマト王権』吉村武彦／岩波新書）

このようにマーキングを使い分けると、数行にわたって延々と線を引く必要もなく、それがどのような意図を持って引かれた線なのかも、再読したときにすぐわかります。

「ねぎま式読書ノート」のつくり方

マーキングが終わったら、一旦その本を机の隅にでも積んでおいて、時間ができたときに読書ノートをつくります。

読書ノートに入れておきたい最低限の情報は、次の三点です。

- **書いた日付**
- **本のタイトル**
- **著者名**

この三つさえあれば、「このころにこういう本を読んだ」ということは残しておくことができます。ノートに記録するクセがついていない人は、まず最低限、この三点を書き残しておくことから始めてみてください。

「もっと書きたい」「読書体験を深めたい」という人には、**「ねぎま式読書ノート」**がおすすめです。これは、「これだけは」という良書を読んだ体験をしっかり残しておくために僕が考えたやり方です。

上記の三点に加えて、次の二点を記録しておきます。

- **自分にとって重要な記述（抜き書き）**
- **その文章に対しての自分の感想（コメント）**

では、実際に読書ノートをつくってみましょう。

通常のメモ書きと同じように、六桁の日付ラベルを入れて、大きな字ではっきりと書きます。たとえば、行間はノートの罫線一つ、項目間は罫線二つというふうに余裕を持たせておくとあとで読みやすく、文字の挿入や訂正もやりやすいでしょう。

次は、抜き書きとコメントです。

まず、ペンでマーキングしておいた箇所のうち、もう一度読んでも「いいな」と思うところだけを厳選します。この時点で五、六回は読んでいることになるので、数はそれほど多くないはずです。

続いて、その文章を抜き書きし、間隔を置いて、コメントを書いておく。「ねぎま式読書ノート」と名づけたのは、この「抜き書き」と「コメント」の並びに特徴があるからです。抜き書きには**「○」**、感想や補足説明などの自分の言葉には**「☆」**をそれぞれ行頭記号として付け、交互に書いていきます。焼き鳥の「ねぎま焼き」のように、「抜き書き」と「コメント」が一つ置きに出てくることからネーミングしました。

実際のノートから、「ねぎま式読書ノート」を引用すると、次のようになっています。

〔080715〕『世界を見る目が変わる50の事実』／ジェシカ・ウィリアムズ／草思社
○中国は二〇〇二年までエイズ問題を否定していたが、ある日、エイズ感染者統計を改訂した。それまで三万人とされていたHＩＶ感染者が、一夜にして一〇〇万人になったのだ。（P180）
☆売血で広まった中国。恐ろしい。日本の統計は正しいのだろうか？
○自殺者の三分の二は、決行時に欝である。（P189）
☆世界中の武力紛争での死者より多い、と著者。戦争でも平和でも死ぬ。人間って大変だな。
○もちろん奴隷という立場は人権を剥奪されたものだったが、まだしも人間的に扱われた。腹をすかせていたり病気であれば、働けないからだ。しかし現代では、奴隷は使い捨ての財産として、安く売り買いされている。(P231)
☆昔の奴隷は長期雇用。今の奴隷は借金のカタに人身売買。後腐れなくコキ使える派遣や日雇いもやばい。必要なのは人権より金か。

「○」から始まるのが本の抜き書き。要約はせずそのまま引用しています。

「☆」から始まる文は自分のコメントです。直前の引用に対する感想や思考メモ、補足説明になっています。

引用の文頭には「○」を使って、自分の言葉と著者の言葉の区別は明確にしておきましょう。こうしておかないと、あとで読み返したとき、抜き書きなのか自分のコメントなのかわからなくなってしまいます。

抜き書きとコメントを交互に書く理由は、書き写した印象が鮮明なうちに、感想を書きたいからです。

何箇所も抜き書きを済ませてから、前から順にコメントをつけようと思っても、何を考えていたのかを忘れてしまうでしょう。そうではなく、数学の問題を一つ解くたびに答え合わせをやるように、すぐに自分の思考をかたちにしておくわけです。

感想は、凝ったことを書こうとする必要はありません。「すごい！」とか「えー！」とかでもいいでしょう。気の利いたことを書こうとして、筆が重くなることだけは避けなければなりません。

心がけとしては**「自分にとって重要な文章」「主観的なコメント」**を書いておくことです。客観的に重要であっても、自分の感性に響かない情報は、あとで読み返しても、何も思わないからです。

さて、この「ねぎま式読書ノート」はあくまで良書を読んだ記録をじっくり書きたいときの基本形です。見ての通り、それなりに時間もかかるので、すべての本でこれをやっているわけではありません。実際には次のように、本に応じてやり方を変えています。

たとえば、「ファイリングのコツ」のような純粋な実用書の場合は、抜き書きでなく、「☆」マークで要点だけを書き残しておく。エンターテインメント小説などの場合は、一冊を通じての感想だけを箇条書きでつける。

繰り返しになりますが、無理のない範囲で続けることが大事です。

【ねぎま式読書ノートの構造】

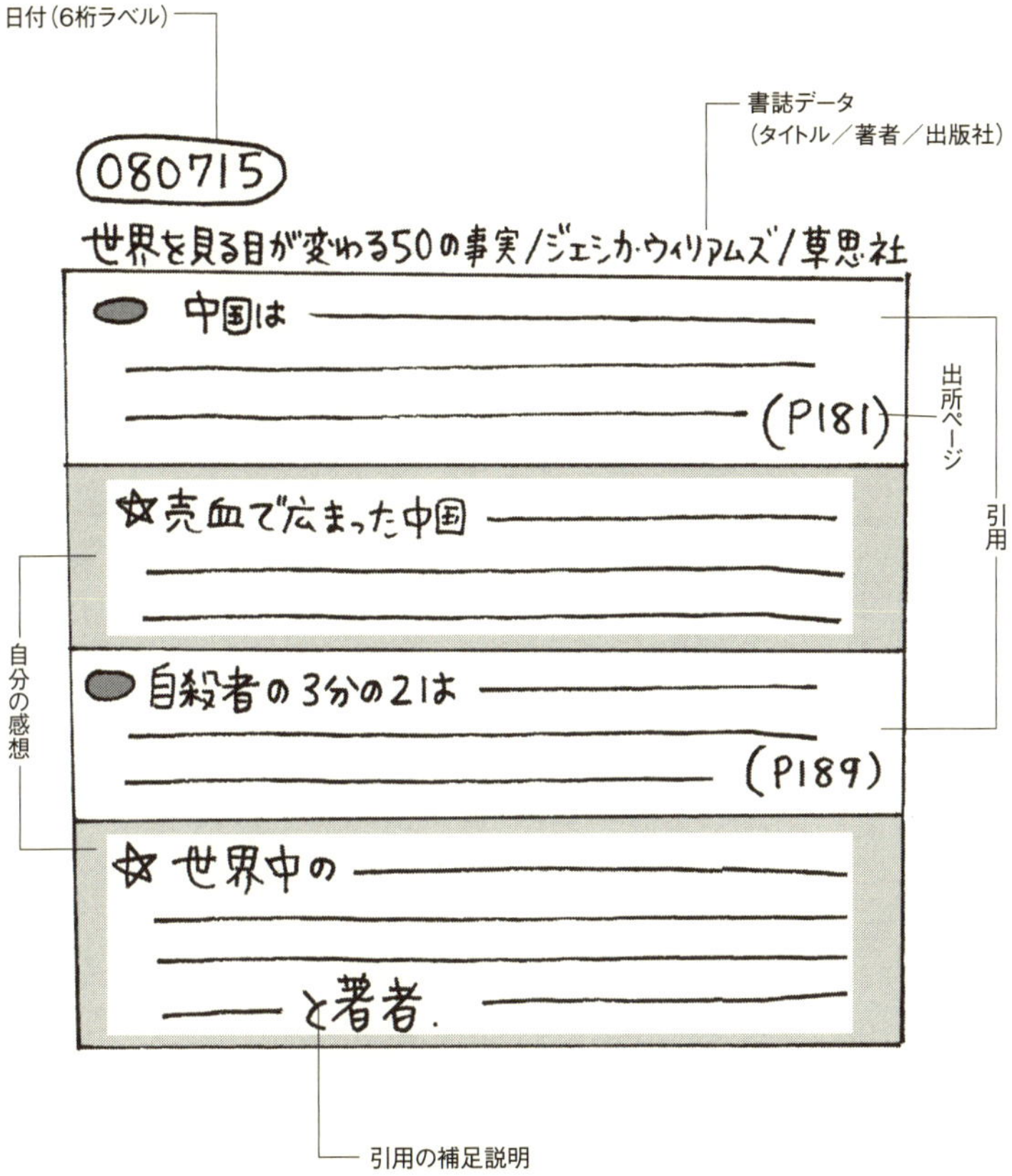
日付（6桁ラベル）
書誌データ
（タイトル／著者／出版社）
080715
世界を見る目が変わる50の事実／ジェシカ・ウィリアムズ／草思社
中国は
（P181）
出所ページ
☆売血で広まった中国
自分の感想
引用
自殺者の3分の2は
（P189）
☆世界中の
と著者。
引用の補足説明

だから面倒なときには、「ねぎま式」の抜き書きとコメントを一セットで終わりにしてもいいし、それさえ面倒なときは書誌データ、つまり「タイトル」「著者」「出版社」だけをノートに書いて終わりでもいい。これだけでも「この時期にこの本を読んだ」という読書体験が目に見えるかたちで残せます。

読書ノートはきっちり残しておきたいけれど、作業時間が取れない。そんな場合は、中断して作業を何回かに分けても大丈夫です。一冊の本の読書ノートが、何箇所かに散らばろうと、ノートの中にさえあれば、あとで説明する検索システムで読み返すことができます。「これは運命の一冊だ」という本に出会ったら、「ねぎま式読書ノート」でじっくりと記録を残してみましょう。きっと忘れられない体験になります。

抜き書きで進む本の咀嚼

本の抜き書きは、かなり手間がかかります。それでも、一度くらいは試しにやってみてほしいと思います。やってみない限り、その効果のほどはわからないからです。

まず、抜き書きは、記憶への定着を助けてくれます。

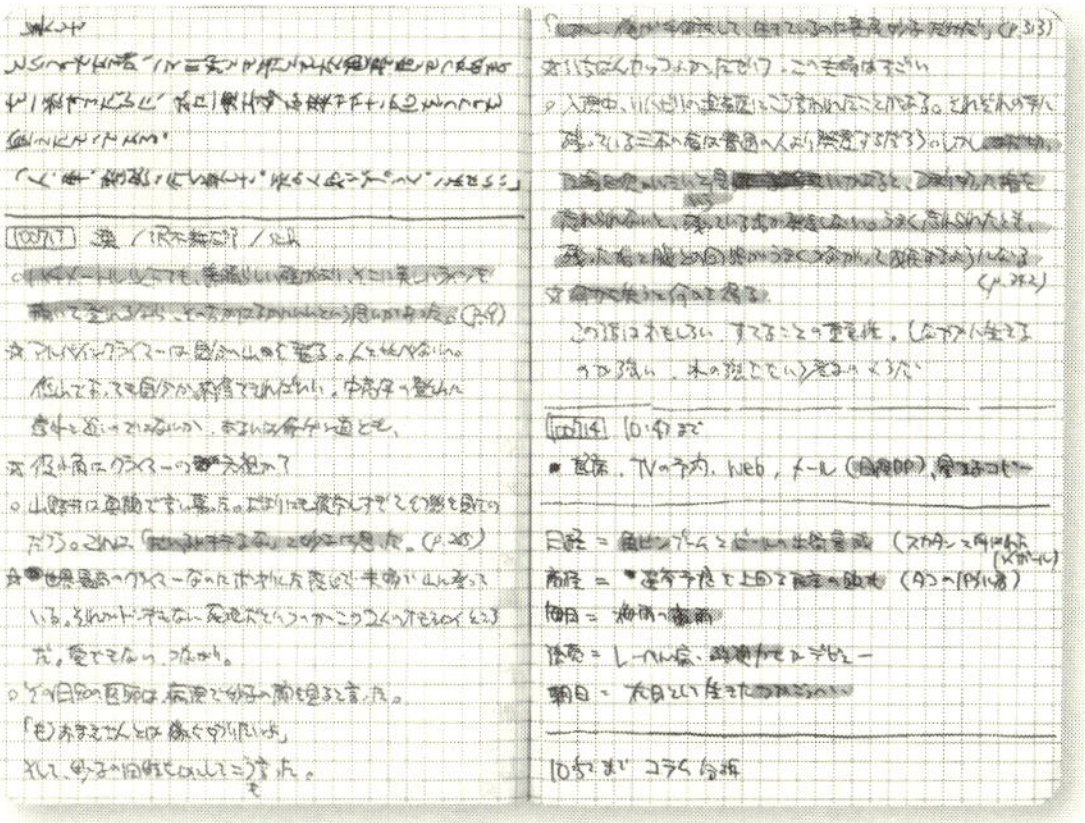

読書体験を目に見えるかたちに

読書ノートは、「ひとこと」でもいいのでとにかく続けることが重要。継続するためには、ノートを持ち歩いて、買った本や読んでいる本のタイトルをメモしたり、考えたことを書いたり、資料を貼ったりと、気構えずさまざまな場面で使ってみることだ。

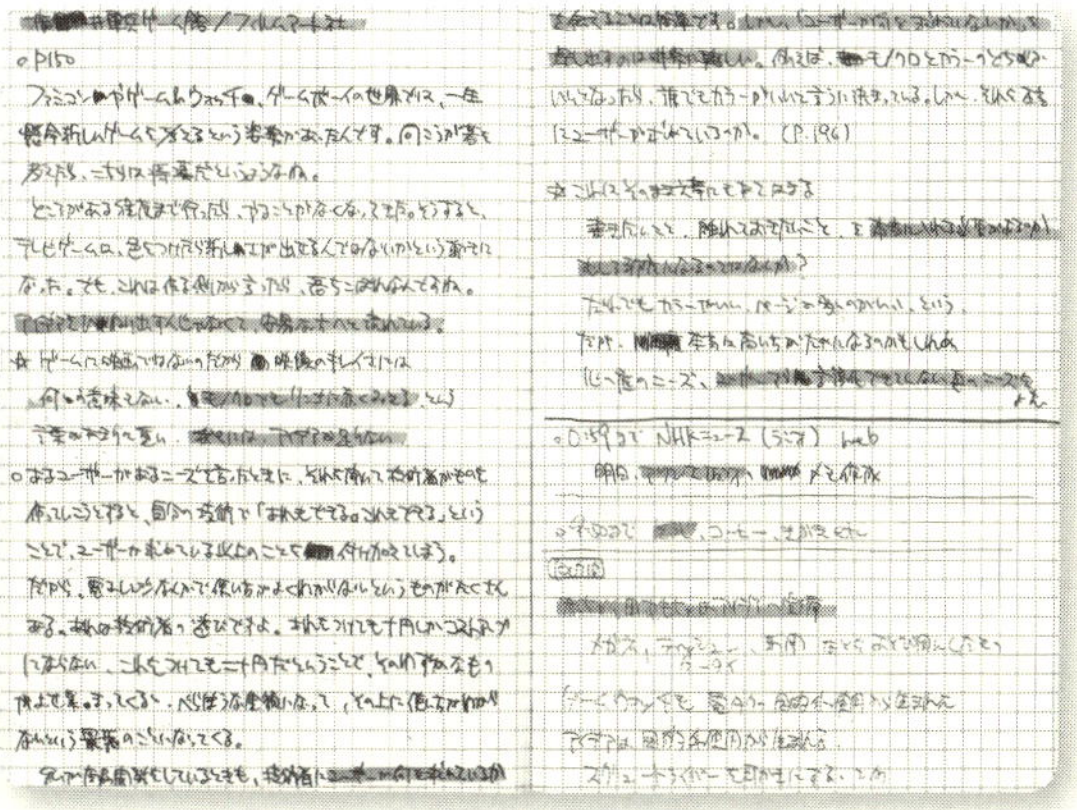

「ねぎま式ノート」で自分の声を記録

☆印で書いているところが自分のコメント。ありふれた感想であっても、あとで読むと自分の考えの軌跡をうかがい知ることができて興味深い。

『本の運命』（文春文庫）によると、作家の井上ひさし氏は、新聞や本で「『ウン？』と思ったこと」を、「書き抜き帳」という大きめの手帳に何でも書き写していたのだそうです。参照のことを考えて、出典とページ数だけを書いておくと言います。

「そんな手帳が、一年にそうですね、五、六冊になりますか。それに番号さえ振っておけば、不思議に『あれは三冊目のあの辺にあったかな』ってわかるんです。手が覚えているんですね。ただ、文章をそのまま写してるだけなんですが、それが一番いい記憶法だということがわかりました」（同書）

書き写しではなく、「要約でいいのではないか」という声もあるでしょう。けれど、著者の意図を損なわないような要約は意外と難しいものです。実際にやると、抜き書きよりずっと頭を使うので、書くのが億劫になります。やめておいた方がいいでしょう。

「ただ、文をそのまま写すだけ」というように、単純化しておいた方が、考えることなくすぐに作業に移ることができます。また作業量＝文字数なので、どのくらい時間がかかるかわかりやすい。それにあとで読書ノートを参照したときも「これは引用か自分の要約か」と迷わないで済む。何かと都合がいいのです。

抜き書きの二つ目の効果は、**理解が深まる**ことです。

書き手の思考をなぞった、文章に込めた仕掛けに気がつくことがよくあります。本書の趣旨から外れるので詳しくは書きませんが、文章修行の一つとしても有効です。

最後に、抜き書きをスムーズにするコツを書いておきましょう。

それは、視点の移動をなるべく少なくすることです。

本とノートとの距離が長いと、視点をノートに写す間に、書こうとした文を忘れてしまいます。行を飛ばしたりするミスも起きやすくなるので、本の上に付箋を貼ってそこに抜き書きしたり、本の上にノートを重ねるくらい密着させて書くのもいいでしょう。

大きな目玉クリップや文鎮など（付録参照）で本を留めておけば、手を離しても本が閉じてしまうことはありません。

象徴的一文を探す

抜き書きをする文章は、自分が「おお！」と思った箇所を選びます。たとえば、「あの感覚をこんなにうまく表現しているのをはじめて見た」

「こういう見方があるのか」

「はじめて腑に落ちる説明を聞いた」

「なんてかっこいい表現だろう」

「わけがわからないけれど、なんとなくすごい」

と思うようなところです。

大事なのは、**あくまで「自分の」心が動いたところです**。客観的に重要な箇所や著者が強調しているところでも、何も感じなければスルーします。

そんなものは、目次や「はじめに」を見ればわかるし、他の誰かがブログやアマゾンのレビューにまとめてくれます。とことん主観的に読めるのは、研究者でも編集者でもない「普通の読者」の特権なので、全力で享受すべきでしょう。

もう一つ、抜き書きする文章選びのコツは、「なるほど」ではなく、**「言われてみればそうだ」**という箇所にしておくことです。

読んでいて「そうそう」「わかるわかる」というのは気持ちがいいけれど、その実、あまり新しい知見には結びつきません。それより、自分の考えが覆された、認識が揺さぶられた文章を、書き写したり読み返したりしながら、何度も納得したり、反発を感じたりする方がいい。

また、抜き書きする文章が多すぎるときは、どうすればいいでしょうか。

まずは、厳選して量を減らします。一段落が長すぎるようなら、その中の一文を抜き出す。またはその段落の象徴となっているキーフレーズ、キーワードを抜き出すという具合に、どんどんそぎ落としていきます。

数カ月後に読んだとき、一瞬意味がわからなくて、数秒後にわかるくらいまでそぎ落とすのが理想です。

抜き書きだけではわかりにくいときは、一一八ページの例で「世界中の武力紛争での死者より多い、と著者」と書いてあるように、「☆」マークの自分のコメント欄で補足説明しておく手もあります。

このように言葉を選び抜いていく作業、これ自体が結果的な再読、再々読になります。

理想は**「読書体験を象徴する一文」**を見つけることです。同じことをいろいろな言い回しで言っている箇所の中

【象徴的な一文を抜く】

キーワード
キーフレーズ

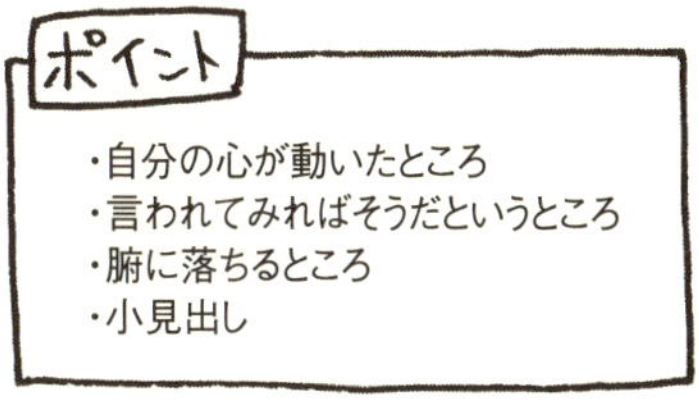
ポイント
・自分の心が動いたところ
・言われてみればそうだというところ
・腑に落ちるところ
・小見出し

で、一番腑に落ちる箇所を探します。同じ比喩でも将棋にたとえているところか、野球にたとえているところか、心に響く箇所は人によって違うでしょうから、これも主観的に選ぶようにします。

長い文を書き写すのがしんどくて、適当なキーフレーズも見つけることができないときには、**「小見出し」**を写しておくという手もあります。

小見出しは、著者や編集者がかなり気を遣っているところなので、一番かどうかは置いておいても、象徴的な言葉が書かれていることは間違いありません。

また、たくさんマーキングした本は、読書ノートをつくる前にしばらく積んでおくといいでしょう。読んだ直後は「これは素晴らしい本だ」と思っていた本も、しばらくたつと「それほどでもないかな」と変化してくることがあります。その結果、抜き書きする箇所も減るというわけです。

裏を返せば、それでもすごいと思う文章は本当に価値があるわけです。

本からオリジナルの思考を得る

「ねぎま式読書ノート」をつくるときは、抜き書きをしたら、必ず「☆」マークを付けて自分のコメントをつけておくことにしています。

抜き書きしたのなら、わざわざ自分の感想や考えを書かなくてもいいのでは？　と思う人もいるかもしれません。自分のコメントを書くと、せっかく抽出した本のエッセンスに、不細工な自分の言葉が混ざるように感じて嫌になったりもするでしょう。

でも、僕はそこをぐっと堪えて、**今の自分の言葉**を書いておくことが大事だと思っています。

なぜ、その文を抜き書きしたのか、そのときの自分の考えを書き残しておくことがあとで貴重な資料になるからです。

また、著者の言葉と自分の言葉を並列に並べることで、**「ギャップ」**を感じるのもいいところです。自分のコメントは、たいていは「すごい」とか、馬鹿みたいなことしか書けないことも多いのですが、その自分の未熟さを直視して、どんな考えでも一応は書きつけることに慣れておきます。

本を読んで得た考えを取りこぼしなくストックしておくためです。そのためにはどんなに無様《ぶざま》でも、一応は言葉にして、考えを形にして残しておくのです。

アイデアを出すときにも、無から生み出すことはまずできません。考えというものは必ず何らかの刺激に対するレスポンスです。素晴らしい本というい い球が来てこそ、いいアイデアという最高の打球を放てるのです。

その意味では、本を読んで考えたことは、**「オリジナルの思考の元」**と言っていいでしょう。

たとえば、『会社は2年で辞めていい』（山崎元／幻冬舎新書）を読んで、僕は次のように読書ノートに「抜き書き」をしました。

〇たとえば、二〇〇七年に表面化した「サブプライムローン問題」で、海外の大手証券会社の格付けが急に大幅に下がったように、成果主義の下では、不都合な事態が起こった場合には、案外深刻な問題になることが多い。成果主義は、一種のリスク拡大装置でもあるのだ。（P47）

これに対して、次のように「コメント」を書くこともありえます。

☆一〇億円損しようと、一〇〇億円損しようと「どのみちクビ」ならば、サラリーマンの投資家は成功報酬の多い方、つまり一〇〇億円賭ける方を選ぶようになる。だから成果主義はギャンブル経済を誘発するんじゃないか。

「成果主義＝リスク拡大装置」という説を知るのは、ただ本の内容を理解したということにすぎません。平たく言えば「受け売り」です。

でも、これを読んで、次のように「コメント」を書けば話は変わってきます。

☆日本のバブル崩壊後もアジアの通貨危機やアメリカなど、バブルが連発されている。成果主義はリスクどころかバブルを生むんじゃないか？　このまま成果主義が定着していけば、長い目で見れば何度もバブルを繰り返してしまうのではないか？バブルはアメリカ式成果主義と金融経済の宿命だ、という説はどうだろう。

この説が正しいかはさておき、ここまでいけば、一冊の本をきっかけにした「自分だけのオリジナルの思考」とほぼ言えます。

ショーペンハウエルは『読書について』の中で、「読書とは他人の考えをなぞることであって、思考の怠慢だ。本など読まずに自分で考えろ」といった意味のことを書いていました。

僕はそこまでは思わないけれど、読書とは、ある程度は「思考のタダ乗り」であるのは事実だと思います。

本によって、ある程度のところまで連れて行ってもらったら、そこから先へ、少しでも**自分の頭で考えることが大事だと思います。**ねぎま式読書ノートで抜き書きに対応したコメントを書くこと。それは、本を触媒に自分の考えをつくり出すための舞台装置なのです。

スクラップ式読書ノート

さて、ここまで、「書いてつくる」読書ノートのことを書いてきましたが、一方で**「貼ってつくる」**読書ノートもあります。

たとえば、次のような「その本にまつわるもの」を集めて、感想などのメモと合わせて収録しておくという方法です。

・**帯**……ノートに貼れるサイズに切った上で貼っておく。帯には、本の内容を表したキャッチコピーが書かれているほか、著者の顔写真などもあるので、印象的な読書ノートがつくれる。

・**補充カード**……タイトル、著者名、出版社名が入っているので、書誌データを書く手間が省ける。

・**しおり**……文庫や新書にレーベル独自のものが挟まっている。タイトルを書き込んでから貼っておくと目立つ。

・**その他**……挟み込んである広告、解説リーフレットなど、関係のあるところを切り抜いて貼る。

他にも、旅先で本を買ったときには、その書店のショップカードを貼ったり、手提げ袋の「名入れテープ」をはがして貼ったりすることもあります。こうしておくと、どこでどんなふうに買ったかが、あとでよくわかるからです。

こういった「記念品」があると、買ってから読み終わるまでの読書体験を残しておくことができます。旅行中に読んだのなら、読んだ場所のシチュエーションの記録として、新幹線や飛行機の切符を貼っておくのもいいでしょう。

そうすることで、本の内容も記憶に残りやすくなります。家で見たビデオより、映画館

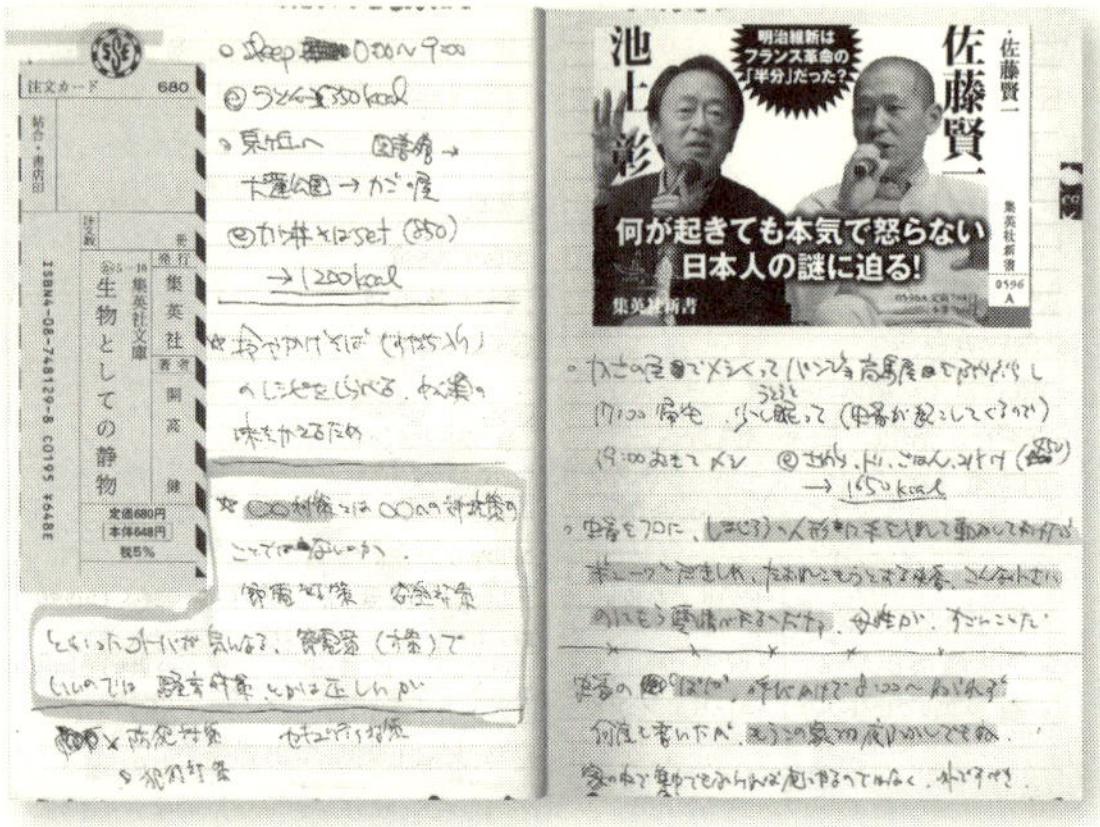

スクラップで作った読書ノート

本の帯や補充カードを使って読書の記録を残している。ものが貼ってあると目立つだけでなく、「実物」に触れることで記憶が蘇ってくるという効果もある。

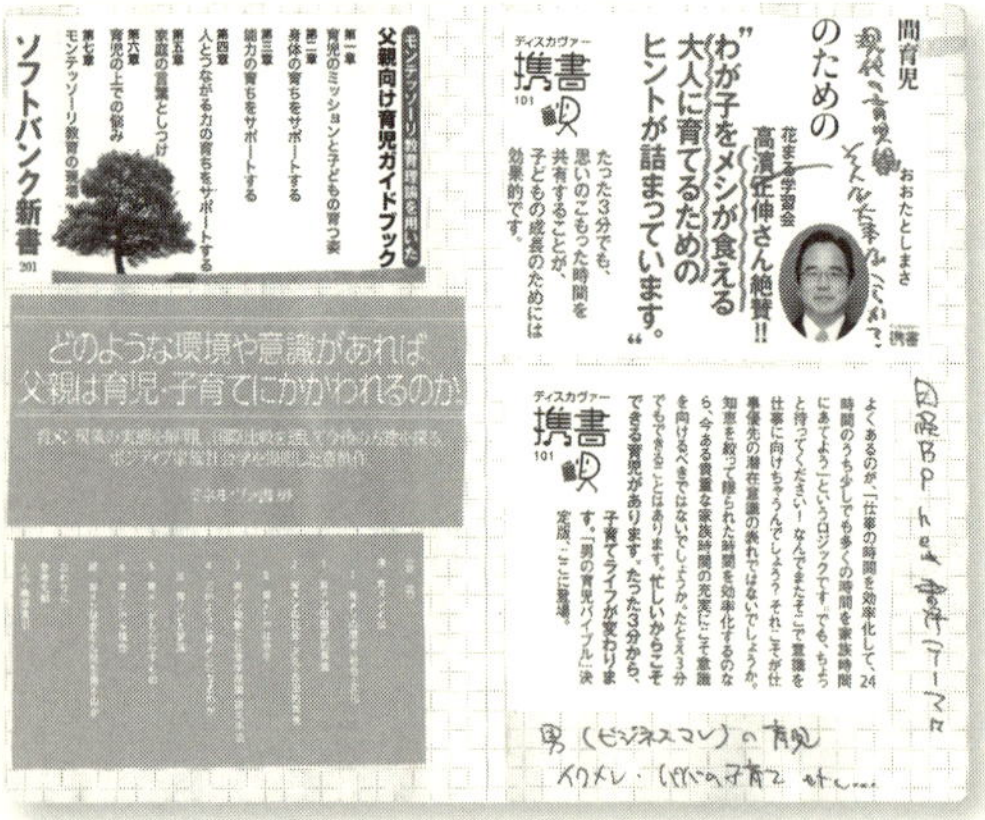

帯には本の要素が詰まっている

スクラップ式読書ノートを作るのに活用したいのが本の帯。帯のデザインやキャッチコピーは個性的なので、「この帯が付いていた本のタイトルは何だったっけ?」などと考えながらめくっていると本の内容も思い出しやすい。

で観た映画の方が印象に残るのに似ているかもしれません。

このように、あらゆるものを使って「本との付き合い」をノートに残す。そうすると、読書体験は頭の中により深く刻まれ、何かの拍子に思い出したり、内容について再考したりする機会も増えてくる。つまり、本を血肉にできてくるのです。

本のコピーを貼って読み返す

何かを貼って読書ノートをつくる方法として、意外と効果的なのが、本をコピーしたものを貼ってしまうことです。

マーキングを済ませた本から、一、二カ所の見開きのコピーを取った上で、切り抜いてノートに貼り、コメントを書いたりマーキングしておく。何の工夫もない方法ですが、その本の書体（フォント）や文字組、レイアウトなどがそのままノートに残せることで、「こういう本を読んだ」という印象がより強く残るようになります。

これは、使い終わった参考文献のコピーをそのまま捨てるのはもったいないと思って始めたことです。こんな横着をしていいのか、書き写した方がいいのではないか、とも思ったのですが、やってみると案外、効果的だとわかりました。

まず、単純に持ち歩いているノートに、お気に入りの本のベストなページが収録されているというのは、気分のいいものです。

また、コピーは手書きの抜き書きより読みやすいので、「ノートを取り出したときについでにパラパラと読む」というクセがだんだんついてきます。

読んだときは、ペンでマーキングをして、コメントを書き加えておきます。すでにボールペンでマーキングされている場合、二回目はサインペンでするなど、線を引くペンを毎回変えると、貼ってある文章をどのくらい読み込んだのか一目でわかるようになります。

問題は、コピーする文章をどう選ぶかです。

結論から言うと、もっともその本らしいページ。

「このページこそ、この本の代表だ」

と思えるようなところです。

たとえば、最近読んだ三島由紀夫のエッセイ『若きサムライのために』は、いい本だったのでマーキング箇所は一〇カ所以上にもなりました。しかし、ノートに貼ったのはたった一

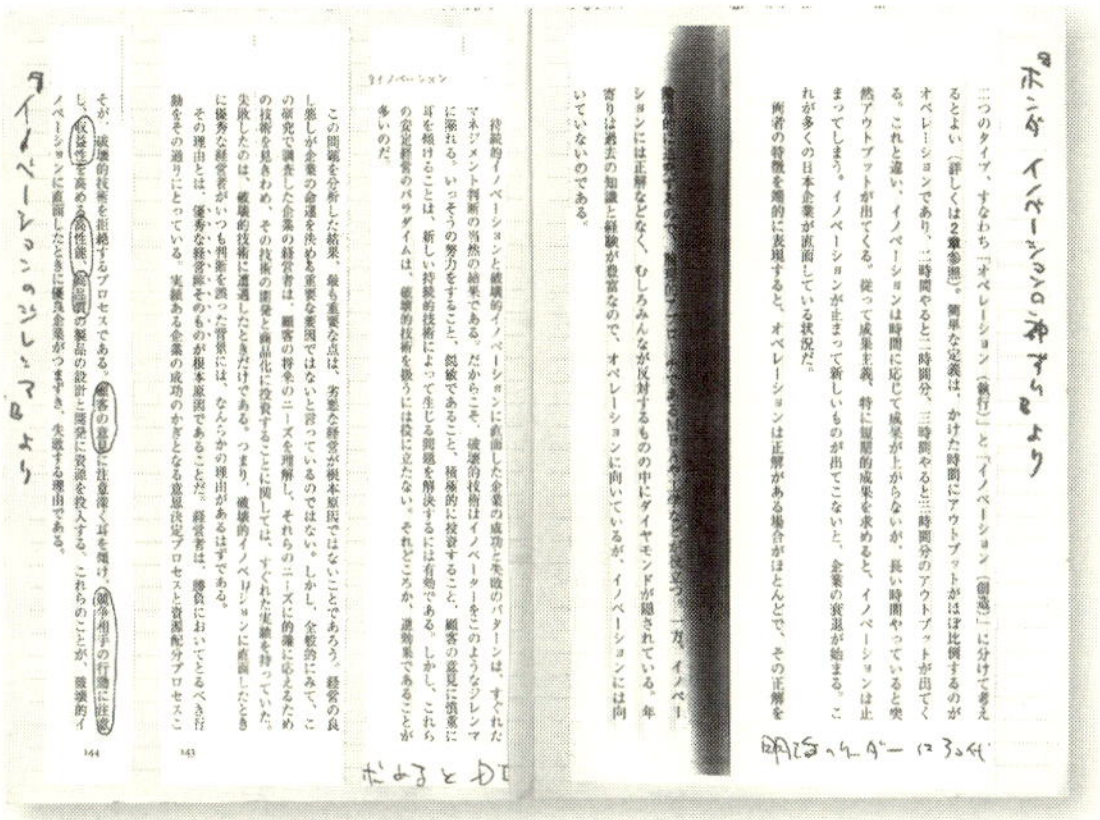

本の中身のコピーを貼り付けておく

原稿作成のために使ったコピーを厳選して貼り付けた。コピーは読みやすいので、ノートを使うたびに何度も読み返すことにつながる。また書体やレイアウトがそのまま残るので、どんな本だったか思い出しやすくなるというメリットも。

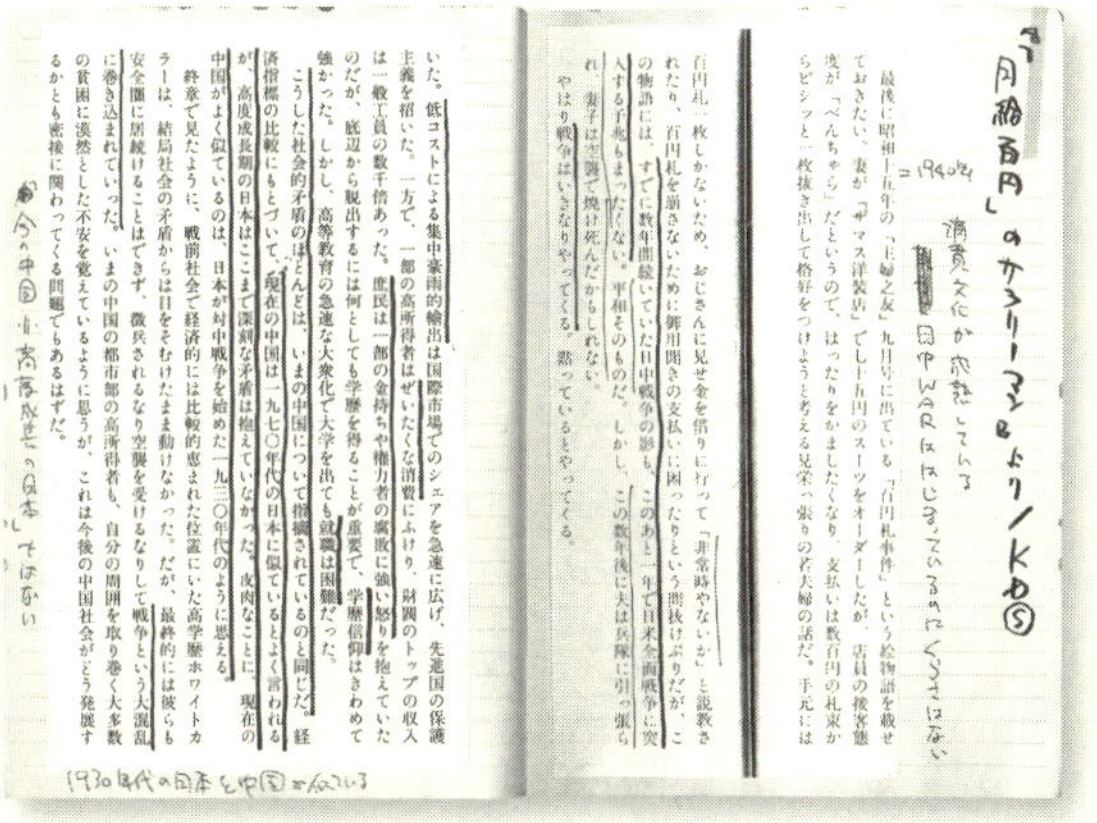

何度も読み返してマーキング

手書きと違ってペンやマーカーでのマーキングがしやすいのもコピーのいいところ。読み返すごとに違うペンを使って印をつけることで、どれくらい自分が興味を持って読んだのか、注目していた記述の移り変わりなどが一目瞭然になる。

ページのコピーだけです。

それは、三島が福田恆存との対談で、死の覚悟について、

「ふだんから覚悟があるつて言つてゐるのは、ちよつとにせものくさい」

と言っているところです。ここが一番、三島由紀夫の作家性が表れていて、その後の死までも暗示されているように感じたからです。

このように自分で納得のいく「一冊を象徴する文章」を選ぶことができると、読み返すことで、その本の他のページに書かれていたことまで芋づる式によみがえってきます。わずかな時間で、数行を読み返すだけで、さまざまなことについて考えを巡らすことができるのです。

書評を読み返して感想を深める

読み終わった本についての書評がノートにある場合、一旦読書ノートを書いたあとで、

記事を参照してみましょう。

たとえば、数カ月前に切り抜いておいた書評で取り上げられていた本を、最近になって読了した、といったケースです。

まずは、普通に「ねぎま式」や「スクラップ式」で読書ノートをつくる。それが終わったら、ノートをパラパラめくってさかのぼり、書評を読み返してみる。

読書ノートは、あくまで「本と自分だけの対話」なので、第三者の視点は要りません。しかし、つくり終わったあとに、書評を読み返して**「他者の視点」**を入れてみると、また角度を変えて自分の読書体験を眺めることができます。「自分にとっては○○という意味のある本だったが、この人にとっては△△だったのか」という具合です。

そんな発見は、読書ノートに補足して書き加えておきましょう。僕はついでにノートに書評記事のコピーを取って貼っておくこともあります。収録物は重複してしまいますが、参照するのに便利だからです。

実際のケースで説明しましょう。

数カ月前、読売新聞で見つけた斎藤美奈子さんの連載「名作うしろ読み」で岡倉天心の『茶の本』が取り上げられているのを見て、「そういえば、これは数年前に読んで感動した覚えがある。この機会に読み返そう」と思ったので、ノートに貼っておきました。

それからしばらくたって、ついに『茶の本』を読み返しました。
このとき読書ノートに書いたのは、主に第四章「茶室」についての感想です。

○人はいろいろな音楽を同時に聞くことはできぬ、美しいものの真の理解はただある中心点に注意を集中することによってのみできるのであるから。

☆そぎ落として、そぎ落として、核心に迫っていくことができる。「余計なものがない」という贅沢。(P59)

○実際われわれは往々あまりに自己をあらわし過ぎて困る、そしてわれわれは虚栄心があるにもかかわらず自愛さえも単調になりがちである。(P61)

☆すごい言葉。自意識からフリーになる方法＝茶室で(空間)茶を点てる(行為)。日本人の精神文明はこの時代(中世)が最高潮だったのではないか？

大まかに言うと僕は「心のモヤモヤ」を乗り越えるヒントとして『茶の本』を読んだのでした。ところが、書き終わってから書評を読んでみると、まるで違う読み方があることに気がつきます。たとえば、本書のラスト、千利休が切腹する場面について、斉藤氏の書評にはこんな感想が書かれていました。

最後の茶会の後、白い死に装束で利休は辞世の言葉を詠む。〈来れ、汝／永遠の剣よ！／仏陀を殺し／達磨を殺し／汝は汝の道を切りひらきたり〉。そして〈微笑を浮かべつつ、利休は未知の国へ立ち去った〉。

クーッ、カッコイイ！

おお、確かにシブイ！　だけど、こんな文章あったっけ？　そう思って『茶の本』を読み返してみると、どこにもないことがわかります。あるのはただ、

人生七十　力囲希咄《りきいきとつ》　吾が這《こ》の宝剣　祖仏共に殺す
笑みを顔にうかべながら、利休は冥土へ行ったのであった。

というシンプルな絶唱シーンだけ。

おかしいぞ？　と思って書評を見ると、訳が違うことに気がつきました（『茶の本』は英語で書かれた本です）。書評は講談社学術文庫版について書かれたもので、僕が読んだのは岩波文庫版でした。

「でも、なんでこの辞世の言葉が『来れ、汝／永遠の剣よ！』になるんだ？」と思って岩波文庫版の解説を読んでいると、どうやら利休の言葉とされる「力囲希咄」は、一種の間投詞で「おりゃー！」とか「なんじゃい！」とかいった意味があるらしい。

なるほど、だからこういう訳もあり得るわけか。これは一度、原書（英語版）で見てみたいな。こんな熱気のある文章なら講談社学術文庫版も読んでみよう。茶の精神性の解説本ではなく、もっと利休や岡倉天心といった「美」に命をかけた人物に感情移入した読み方もできそうだ。

このように、まったく違うことを考えることができます。

書評と自分の感想を俯瞰し、比べてみることによって、自分の考えを相対化させるわけです。書評記事を保管しておけば、手軽に一つの読書体験を重層的なものにすることができるのです。

「時のふるい」であぶり出される本の核

先ほどマーキング済みの本は、読書ノートをつくるまで机の上に置いておく、と書きま

【自分の感想と書評を比較する】

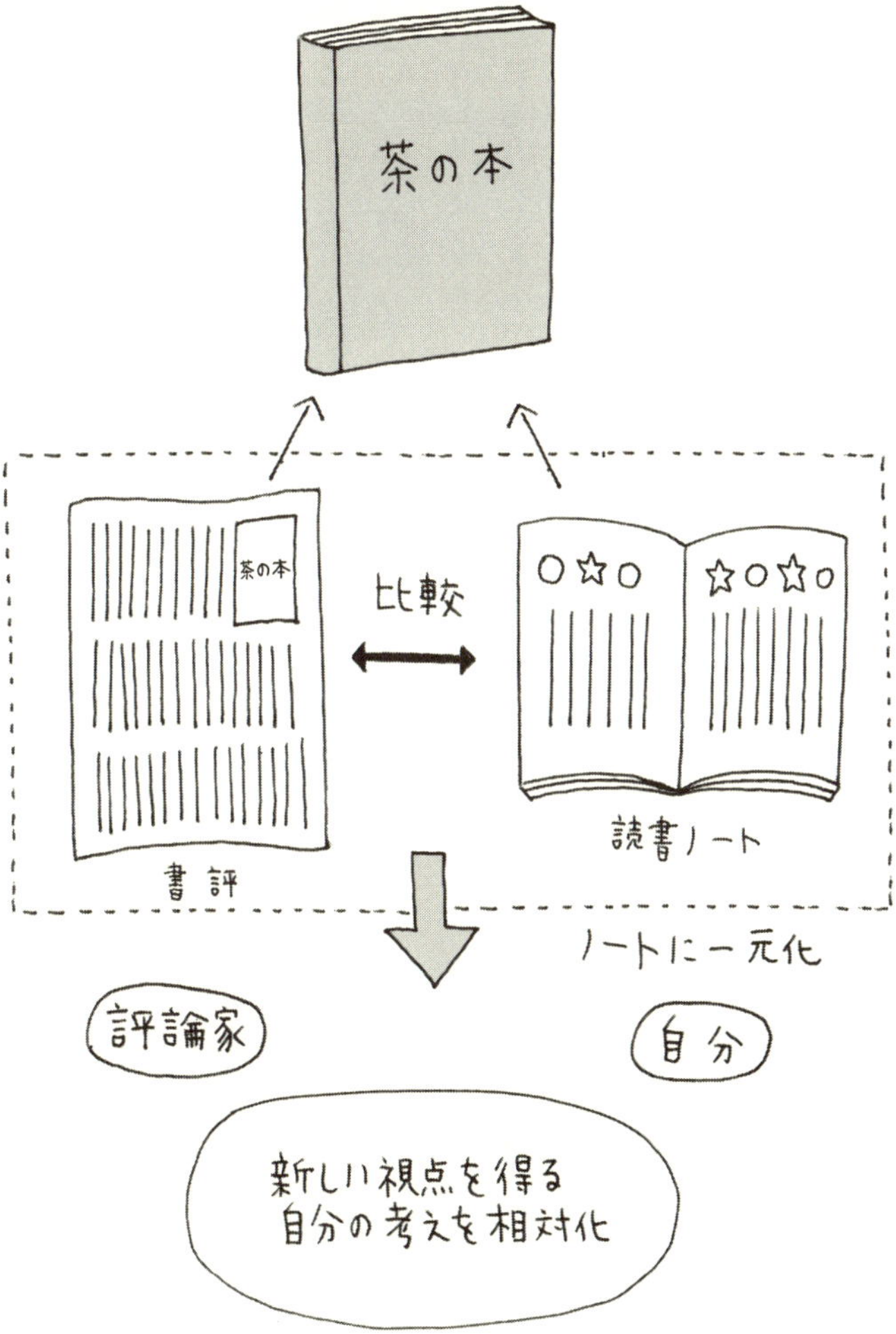

した。積んでおくことで、「まだ読書ノートをつくっていない本がありますよ」というリマインダーになります。これをもし本棚に入れてしまったら、そのまま忘れてしまうことでしょう。

では、この読書ノート作成待ちの本が、何冊も積み上がってしまったら、どうすればいいでしょうか。

たとえば、半年以上前に読んでマーキングした本が、まだ机の上にあるとしたら？「面倒くさい」と思うかもしれませんが、これはある意味、ラッキーなことでもあります。なぜなら、読み終わってから月日がたっている分だけ感動が薄れて、冷静に見られるようになっているからです。

だから、読書ノートをつくるときは、半年におよんで放置されていたにもかかわらず、その魅力が減じていない部分を活かす。つまり**「やっぱりすごい」**という文章だけを引用、あるいはコピーし、**「半年たっても、あらためて思うこと」**を書いておきます。「時のふるい」にかけるわけです。

このようにすれば、当初は、一〇カ所以上「すごいところ」がある本が、二、三カ所に絞られます。ねぎま式読書ノートをつくるケースでも、当初は一時間以上かかりそうな本が一五分ほどでできるようになったりするでしょう。

とはいうものの、積み上がってしまうと心理的なプレッシャーになるし、単純に机に置いてあるのは邪魔です。ためすぎにならないように、「週に一度は読書ノートをつくる」などと決めておいた方がいいかもしれません。

読書ノートが自分をつくる

読書ノートは **「本との付き合いの証」** です。

通常は、本棚に本があることが、「その本を読んだ」ということを表していますが、読書ノートがあれば本自体が手元になくても、「付き合いの証」が残ります。

だから、もしその本を再読しないのであれば、読書ノートさえ手元にあれば、書籍自体は手放してもいいことになります。

たとえば、ねぎま式読書ノートで、本の重要箇所の抜き書きと自分の感想などのコメントをノートに一元化していれば、本自体を保管する必要はなくなります。その本のことが気になったときは、読書ノートを読み返せばいいからです。

僕は年に何回か、本を処分しています。本を手放すのは、蔵書で家が狭くならないようにするためです。『書斎曼荼羅』（磯田和一／東京創元社）という本では、日本を代表する読書家たちが、いかに増殖する本と格闘してきたか、イラストで紹介しています。本を床に敷き詰めて、その上で生活している人なんかもいて非常におもしろい。

本の中で紹介されているような蔵書にあこがれる人も多いかもしれませんが、やめておいた方がいいでしょう。お金はかかるし、家も傷む。それに火事や地震で死ぬ可能性も跳ね上がる。極端な話、崩れた本の山で生き埋めになって死ぬこともあるそうです。

読書ノートで本を手放す。このことは、本当に気に入って、折に触れて読み返す本だけをいつでも手が届く本棚に並べておくということにつながります。ただ、本当にいい本だけを手元に残して、本を捨てていくことは緊張感を伴う。最後の別れになってしまう可能性があるからです。

だから、せめて読書ノートを残しておくことが慰めにな

【本はノートに落として手放す】

読書ノートは本との「語らいの記録」

るでしょう。読書ノートだけが本と自分とのつながりを証明してくれるわけです。

重要なのは本自体より「読書体験」の方です。

どの本が自分をつくったのか。これがわかっていると、落ち込んだり、切羽詰まったときにも、本が心の支えになってくれます。僕の場合はアランの『幸福論』がそれに当たります。他にもたくさんあるけれど、一冊だけならこれです。

作家の北方謙三さんは、旅行に持って行くときには、既読のおもしろかった本をカバンに詰めていくと書いていました。「おもしろいとわかっている本を持っていきたいから」だそうで、言われてみればもっともです。

旅行のときに読みたい本、つらいときに読む本、そういった長く付き合える本を探すことが常日ごろの読書の目的と言っていいかもしれません。

精神的にまいっているときに、いざ元気の出る本を探そうと思っても遅い。普段から、本を読んで元気になったときのことをノートに残しておけば、メンタルヘルスの面でもプラスになるでしょう。

つまり、読書ノートの作成を通じて、**「この本を読めば、いつもこういう気分になる」**という心の支え方を編み出しておくのです。

僕は、本棚の一角に「愛読書コーナー」をつくっています。ここには、仕事に役立つ実用書から、手本にしたい名文、いい気持ちになる文芸作品、気持ちがきりっとなるような思想書、悩んだときに読むとヒントが見つかる人生相談の本などをまとめています。この棚に加える本を探していくのも日ごろの読書の楽しみです。

「同行二人」という言葉があります。いつでも弘法大師と一緒にいる気持ちでいこう、というお遍路さんの心構えです。この言葉と同じように「二人三脚で生きていく」というイメージが持てるような本に出会えれば、精神的にも強くなることができるでしょう。

NOTEBOOK

第4章

自分をつくるノートの「読み返し方」

読書体験から自分の考えをつくる

本章がノートを使った読書術の最終段階になります。五段階のステップでいうと、**「⑤活用」**です。

ここでは、第3章でつくり上げた「読書ノート」をベースに、文章やアイデアなどのアウトプットにつなげていく方法をお話しします。この工程で、読書がただの情報の摂取でなく、自分の体験になっているかどうかがわかります。

ノートをつくることにより、読書は、**「読書体験」**になります。そして、その読書体験を活かして、知的生産につなげていくことができるのです。

わかりやすく言えば、「本にこう書いてあった」というのが「情報の摂取」。

「本にこう書いてあったのを私はこう受け取った」

「それをきっかけにこう考えた」

というのが「読書体験」です。

要は、本の内容に対するレスポンスとしての自分の考えがあってはじめて、本の内容が身についたことになる。第3章で、読書ノートに自分の感想を書くようにと強調しておいたのも、これが理由です。

本の受け売りから、自分の考えへの跳躍を生むツールこそ読書ノートです。

読書を「体験」にしておけば、書評やブログの記事、ビジネス文書、会話などいろいろなシーンで生きてくる。必ず何らかのヒントになってきます。

読書ノートという生産物から、さらに文章などを生産するのは、刃物を研ぐようなものです。自分の思考を、もっと突き詰めていくわけです。

またノートとその参照の仕組みを使うことによって、情報は淘汰され、同時に発酵も進んでいく。読書ノートを参照して、それをもとに書評などを書こうとすると、さらに新しい発見が生まれてきます。

探書リストから始まって、一冊の本は何度も繰り返し、エッセンスの抽出と咀嚼を繰り返していることになります。このような工程を経ることによって、本の内容がまさに自分の血肉となっていくのです。

アウトプットするから財産にできる

とりとめのないことを人に話しているうちに、自分が何を考えているのかだんだんわかってくる。このような経験をしたことがある人は多いのではないでしょうか。

書いたり、話したりするためには、支離滅裂な思考を再構築し、相手に伝えるために言語化しなければなりません。

その意味で、人に教えるのは、もっとも身近なアウトプットと言えるでしょう。自分ではよくわかっているつもりのことでも、しゃべったり書いたりするとなると調べなければならないことがたくさん出てきます。講演や本の執筆も一緒です。

自分ではよく知っているつもりのことでも、いざ人前で発表するとなると、出典やデータ、理解などの曖昧な点をつぶして、体系的な知識を組み立てておかなければならない。

結果的にほとんど一から学び直すようなかたちになって、その手間に愕然とすることもよくあります。それでも、この苦労に直面したことがある人は、そこらへんの半可通とは一線を画すことになるでしょう。

政治の話は日本中の床屋で行われているし、政治記者だってたくさんいるけれど、まとまった政治評論となると、書ける人はほとんどいません。情報がいくらあったとしても、アウトプットをしないと体系的な知識にはならないわけです。

つまり、人はよく知っているからしゃべったり本を書いたりできるのではなく、講演したり文章を書いたりするから、より高度に「知る」ことができるのです。

その意味では、読書ノートを書くときに、

「どの文章を抜き出すか」「それにどうコメントを書くか」

と判断したり考えたりすることは、アウトプットの第一歩と言えます。

その読書ノートを書きっぱなしにせず、気になったことが出てきたら、ノートをこまめに見返したり、ときには、今まで読んできた本のリストとして眺めてみたりする。これは、アウトプットの繰り返し、駄目押しと言ってもいいかもしれません。そうやって、自分の情報の咀嚼に、さらに咀嚼を加えていくのです。

シチュエーションで読み返す

さて、咀嚼を進めるためには、ノートを読み返さなければなりません。読書ノートを読み返したり、コメントに加筆したりしているうちに、理解が深まり、新たな視点や発想というものがだんだんと出てきます。

とはいうものの、漠然と「ノートを読み返そう」と開いてみたところで、なかなか集中できるものではありません。

では、どんなふうにノートを読み返し、それを継続することができるのでしょうか。

一つは、読み返すシチュエーションを決めておくことです。寝る前や風呂から出たあとなど、生活サイクルの中で**「ノートを読み返す時間」**を、はじめから決めておきます。

僕は、夕食が終わって寝るまでの間（だいたい一九時半から二一時）にできるスキマの時間に、読み返すことにしています。

この時間帯は、洗い物をしたり、布団を敷いたり、子供を風呂に入れたり、と雑用で忙しく、子供も走り回っているので、落ち着いて本や新聞を読むことはできません。

しかし、ノートなら、一つひとつの書き込みの量が少ないので、数十秒くらいでも十分目を通すことができます。読み返しといっても本の再読よりはるかに簡単です。

さらに、出張で飛行機や新幹線に乗っているときも、本や新聞を読むのに飽きてきたり、手持ちぶさたになったタイミングで読み返すことにしています。

つまり、「何かおもしろいものはないかな?」と古い新聞を見たり、暇つぶしに辞書や図鑑をめくってみるような感覚で、ノートを開いてみるわけです。

数週間前の読書ノートでも、「ああ、自分はこんな変なことを考えていたのか」と感心することもあるし、二、三カ月以上前になると、「そういえば、こんな本も読んだんだな」と驚くこともあります。大掃除のときに、古いアルバムをめくってみたりする感覚に近いかもしれません。

定期的に読み返す

シチュエーションを決めたとしても、なかなか読み返せないという人は、読み返す予定をスケジューリングしてみてはどうでしょうか。

「週に一度」「三日に一度」という具合にノルマ化してしまうわけです。カレンダーや手帳に予定を書き込めば、忘れてしまうことはありません。あとは、その日は何があってもノートを開いてみることです。

また、予定を組まないまでも、「ノートを使い切った『代替わり』のタイミングで読み返す」と決めておいてもいいでしょう。これなら、読み返しているときに見つけた重要なメモを新しいノートに転記しておくこともできます。

問題は、ノートを**「どこで」**読み返すかです。

会社や混み合った電車の中というのは無理があるような気がします。集中して本を読むときと同じで、ノートを読み返すのもやはり**「一人の時間」**でないといけません。

おすすめなのは、自宅や会社の近くに、落ち着ける喫茶店を見つけておくことです。落ち着いて本を読んだり、ノートをつくったり、読み返したりしたいときには、そこを利用するようにします。

いつも混んでいるように見えるマクドナルドやスターバックスであっても、時間帯によっては、ガラガラだったりすることもあります。時間帯を変えて何度か足を運び、ノートの読み返しに使えるかどうか、「調査」しておくといいでしょう。

読み返すクセをつける

また、読書ノートをつくるときに、読み返しやすいノートになるよう心がけておくことも大切です。

たとえば、記念品が貼ってあったり、本のコピーが貼ってあるノートは、見た目にもにぎやかだし、手書き文字だけよりは読みやすい。

手書きの「ねぎま式読書ノート」でも、お気に入りの万年筆やインクを選んで、丁寧に書いておけば、開いたとき気分がよくなります。こうした些細なことが積み重なって、ノートを読み返すときの心地よさというものが決まってきます。

さらに、読み返しを促す細かいポイントを挙げておくなら、ノートを持ち歩いてよく使うことに尽きるでしょう。

何度か書いたように、僕はノートに読書関係のことだけでなく、日常の記録やアイデアなども書いています。だから、おのずと書き込んだり、参照したりするタイミングで、ついでにパラパラめくって読む機会が多くなる。

仕事中も、デスクにノートを出しっぱなしにしているので、いつの間にか考えが行き詰まったり、疲れてくると、自然とノートを開いてパラパラ読み返すというクセがついてきました。ノートの読み返しが、日常のささやかな楽しみになってくればしめたものです。

ノートの読み返しから生まれる「個人的発見」

このように無目的な読み返しをしていると、思いがけず「いい言葉」に出会ったり、個人的な発見をすることがあります。

多くは自分が書き写した文章なのですが、時間がたってから見ると、以前は「なんとなくいいな」という程度だった言葉が「すごい言葉だ！」と思えたり、まとまらないかに見えた考えが輪郭を持ったりすることがあるのです。

僕は、二〇一三年の一月に、チェコの作家、カレル・チャペックの『いろいろな人たち』（平凡社）の読書ノートをつくりました。そして最近、仕事でノートを参照していたら、この本の読書ノートが出てきたので、読み返していると、「アメリカニズムについて」という文章が出てきました。

これはチャペックがニューヨークの新聞発行人に宛てて一九二六年に書いた手紙で、主にアメリカ文化に対する批判です。

はっきりとはしないけれど、自分にとって「何かとてつもなく重要な示唆がある」と思ったので（まだ年初でやる気にあふれていたこともあり）、九ページにわたる全文を何日かかけて書き写し、コメントを書いておいたのでした。

書き写したときに「おもしろい」とコメントしているのは、チャペックが家を建てたときのエピソードです。古いタイプの家を希望して着工したものの、レンガ職人や大工、指物師などの職人はストライキをしたりおしゃべりに興じたり、ランチにビールを飲んだりしていて、遅々として進まない。結局、小さい家の完成までに二年もかかった、とチャペックは書いています。アメリカなら三日くらいで建つような家が、です。

しかし、チャペックはこの「遅さ」こそが、ヨーロッパの偉大さだというのです。二年間の現場訪問と職人たちとのやりとりによって、「私の家との関係は無限の親密さに成長しました」と。

なんだか素敵な話だなあ、と思いながらも、うまく言葉にならなかったので「おもしろい」と書いておいた。しかし、ノートの読み返しでヒントを得ました。それは、書き写しておいた次の言葉を読んでいたときです。

わたしはヨーロッパでたくさん仕事をした、アメリカのある大物のことを聞きました。その人は列車の中で自分の秘書に手紙の口述筆記をさせました。自動車の中で大きな会議を準備したり、昼食をとりながら小さな会議をしました。われわれ原始的なヨーロッパ人は、昼食の時には普通に食事をし、音楽の時には普通に耳を傾けます。どちらもおそらく時間の浪費になるでしょうが、実際に自分の人生を浪費してはいません。(P289)

これを読んでハッとした僕は、急いでペンを取り出して波線を引き、こう書いておきました。

「時間の浪費より、人生の浪費を恐れよ」

チャペックの家を建てたエピソードがおもしろいと感じたのは、そこに登場する職人やチャペック自身が家を建てるのに二年もかかっているにもかかわらず、充実しているからら。つまり、時間はムダにしても、人生をムダにしていないからだとわかったのです。

この言葉は、僕の中で今もっとも重要なテーマになっています。

さて、こういった**「個人的発見」**が、本の再読だけでできるかというと、難しいのではないかと思います。本は、「仕事や用事のついでにちらっと読む」ということがなかなかできないからです。しかし、読書ノートならちょっとした空き時間で簡単に読み返すことができます。

読み返しで確固たる自分をつくる

ノートに書いた読書ノート、つまり抜き書きや自分のコメントを読み返すことは、ときには本を再読するのと同じくらいの効果があります。

本の再読と言っても、はじめて読んだときと同じだけ時間をかけて読んでいくケースは少ないでしょう。だったら、ノートで十分というケースもあります。つまり、

- **軽く振り返りたい場合＝読書ノートの読み返し**
- **もっと思い出したい場合＝本のチェック箇所の参照**

・ゼロから頭に入れ直したい場合＝本そのものの再読

と、必要に応じて、参照のレベルを上げていけばいいでしょう。

再読においては、本を読むか読書ノートを読むかというかたちはどうあれ、折に触れて、本のことを思い出すことが大事だと思います。

そうやって「何度もその本に触れている」という認識が自信につながっていきます。読書が確固たる自分を養うためのものとするならば、読書ノートはそれを補強するシステムになると言えるでしょう。

一つの本について、読書ノートで読んだ体験を参照するほか、ときには本棚から本を取り出してきて再読してみる。こういった積み重ねが本で読んだ内容を自分の血肉とすることにつながります。

ある批評家は「折に触れて再読する本が五冊あれば、立派な読書家だ」と言いました。新しい本を読むのは、ただ楽しむためだけではなく、繰り返し再読したり丁寧なノートをつくったりするような**「個人的名著」**を見つけるための行為でもあるでしょう。

再読の効果は、記憶への定着だけではありません。繰り返し本に触れることによって、自分と本との物語ができてくるのです。

一冊の本を「場所」とするなら、読書ノートはその場所で撮った**「写真」**とでも言えばいいでしょうか。同じ場所でも、足を運ぶたびに撮る写真は微妙に変わるし、過去に撮った写真でも、時間がたてば受ける印象が変わったりします。

読書ノートを読み返したり、読書ノートをもう一度つくったりすることは、自分だけの**「その本の読み方」**をつくり出すことにつながります。

本当に気に入った本があれば、数年おきに読み返して読書ノートをつくり直してみるのもおすすめです。僕はジョージ・オーウェルの『一九八四年』が好きで、読み返すたびに読書ノートを取っています。そのせいで、新聞記事を読んだりすると、「『一九八四年』のあのシーンみたいだな」という具合に、すぐ本が頭の中で参照されるようになりました。

こういう本は、他にも三冊ほどあって、何らかの現象を考察するときの自分の足がかりとなっています。現実の問題について、「あの本ではどう描写されていたか」「あの著者はどう言っていたか」と数歩退いて考えてみることで、近視眼的な結論になるのを避けられるのです。

過去の読書体験を今の読書に援用する

ほかにも、読書ノートをつくることは、本をより理解するために役に立ちます。

たとえば、本の最初の半分を一旦、読書ノートに書いて、まとめ作業をしてから残りの半分を読めば、普通に前から読んでいくより、ずっと理解しやすい。

それでも難しければ、章ごと、項目ごとに読書ノートを書いたりして、尺取り虫のように少しずつ前進していくのです。

同じことが、別々の本でもできます。

『入門ミクロ経済学』を読んでわけがわからなければ、『マンガでわかる経済学』を読んで、読書ノートをつくってから読むと、以前よりわかるようになる。難しい専門書を読まなければならない場合など、この方式を使うといいでしょう。

このように本を読むときにも**「外堀を埋める」**という作業は重要です。わかるところから読んで読書ノートをつくっていけばいいのです。

また、新しい本を読んでいるときにも、過去に同じ著者の本を読んだことがあるなら、そのときの読書ノートを見返してみる。それによって、当時の自分が考えていたことや問題意識を再認識できます。

「前にこの人の本を読んだときはこのあたりが腑に落ちなかったけれど、今回はどうだろう」と、以前のコメントを確認して読むと、また違った観点が生まれるのです。

ある本を一度読んでから次に目にするまでの間でも人間は変わります。日々、新しい情報や知識を得ていくからです。当然、書いてあることに対する感想やとらえ方も変わっていくでしょう。

思考の保存場所として、読書ノートを淡々と継続していきましょう。「抜き書き」は**そのときの自分が感じた重要箇所**であり、「コメント」は**問題意識や思想、表現力**が表れています。

場当たり的に読むのではなく、過去の読書体験を今の読書のために援用できるようなシステムをつくっておくことが大切です。

血肉化して書籍から離れる

さて、ここからは、読書ノートとその読み返しで得た考えを材料に、文章やアイデアといった成果をアウトプットする方法を紹介します。

料理にたとえるなら、第2章で説明した「探書リスト」が食材の調達、第3章の「読書ノート」の作成が下ごしらえ。ここから説明する「読書ノートを使ったアウトプット」は火を使った調理です。

ここではブログや社内報向けに記事を書いたり、ビジネス文書をつくったりするとき、または個人的な悩みについて本を読んで結論を出したい場合などの読書ノートの活用法を紹介します。

読書ノートをどの程度残しているかによりますが、書籍自体は、ほとんど登場することはありません。自分のつくった読書ノートに頼りながら、頭の中にあるインプットを加工し、アウトプットする段階です。

すでにある程度、血肉化した本を通じて得た情報を、さらに咀嚼する。

再び料理のたとえで言うなら、丁寧につくられた読書ノートはきれいに下ごしらえを済ませた野菜や肉のようなものです。手軽に、必要に応じて、いつでもアウトプットの素材として扱うことができます。

ブログに書評を書く

読書ノートを活用して何かを書く。そう考えたとき、第一に思いつくのがブログの記事でしょう。書評をメインにしているブログもよく見かけます。

ブログに書評を書く場合、読書ノートがあれば簡単に文章のかたちにできます。たとえば、ねぎま式読書ノートで次のように書いてあったとします。

第3章で説明したように○が抜き書き、☆が独自のコメントです。

[081015] コクと旨味の秘密／伏木亨／新潮新書

○修行僧のようにストイックなネズミはなかなか肥満してくれません。でも一つだけ方法があります。そこで役立つのがコクなのです。

実験室の固形飼料の代わりにチーズやハムやソーセージやポテトチップス、甘い砂糖水など、コクがあって人間にとっておいしそうなものをいっぱい並べると、ネズミもつい食べ過ぎて太ってしまうのです。(P17)
☆ネズミは必要なカロリーしかとらない。だがコクがあると必要以上に食う。人為＝コク？　本能はコクを求める？　そういやグルメは太る。米だけではたぶん太れない。
〇一方、日本を含むアジア諸国の多くは、農耕を中心としており、動物性のタンパク質や油が不足気味だったので、それを補うために、ダシのうま味の満足感を見いだしたと考えられます。湿潤な気候は発酵を容易にし、発酵を調節する方法を工夫して穀物や大豆、魚などの発酵からうま味を引き出す技を身につけたものと思います。

いわば、北米・ヨーロッパが油文化圏とすると、アジアはダシ文化圏です。食事の高度な満足感をダシか油かどちらに依存するかという視点からの分け方です。(P178)
☆日本＝ダシ・発酵／欧米＝油・獣肉、となるのか。ヨーロッパ旅行のときに食事が耐えられなかったのはこのせいかもしれない。うどんが欲しかった。

こういったメモをもとにブログなどに書評を書くなら、たとえば次のように組み立てることができます。


食べ物の「コク」とは何だろう。本書はその問いに答える本だ。

著者は、ネズミのことを「修行僧のようにストイック」と表現する。ネズミは過剰に固形飼料を与えられても、必要以上のカロリーを摂取することはないからだ。

だが、食べ物に「コク」が加われば、話は違ってくる。

「固形飼料の代わりにチーズやハムやソーセージやポテトチップス、甘い砂糖水など、コクがあって人間にとっておいしそうなものをいっぱい並べると、ネズミもつい食べ過ぎて太ってしまう」

これこそがコクの力だ。人間のつくったコクのある食べ物を前にすると、本能すら狂うのかもしれない。甘いものやジューシーな食べ物がなければ、人間だって太ることはないのではなかろうか。そういえば、食べ物に無頓着な人はあまり太らない。

では、コクの正体が油と砂糖だけかというと、そんな単純な話ではない。食事の高度な満足感を満たす「コク」は民族や文化によって違ってくるようだ。

「日本を含むアジア諸国の多くは、農耕を中心としており、動物性のタンパク質や油が不足気味だったので、それを補うためにダシのうま味の満足感を見いだした」

そう、海外旅行で醤油や味噌汁が恋しくなるあの現象だ。日本人のコクにはダシが大きなウエイトを占めている。欧米のコク、肉と油では代用できない。「北米・ヨーロッパが油文化圏とすると、アジアはダシ文化圏」と、筆者は説明する。

このように「コク」という切り口から、おいしさの意味や食文化の違いを考えることもできる。


冒頭と最後の段落を除くと、だいたい読書ノートがベースになっているのがわかるでしょう。

カギカッコの中は○の「抜き書き」、それ以外の地の文は☆の「コメント」の内容を誰にでもわかる表現に焼き直しています。「人為＝コク？　本能はコクを求める？　そういやグルメは太る」といった読書ノート中のコメントのように、書いた当人にしかわからない感覚的な言い回しは、「人間のつくったコクのある食べ物を前にすると、本能すら狂うのかもしれない。甘いものやジューシーな食べ物がなければ、人間だって太ることはないのではなかろうか」と、軟着陸させています。

記事の書き手の印象や考え、解釈は地の文、「書き手由来」ではない台詞や引用はカッコの中。これは新聞や雑誌の記事によく使われているフォーマットです。評論やノンフィクションでも、よく見かけますね。

「ねぎま式」で、「抜き書き」と「コメント」を明確に分けておくのは、地の文とカッコの中の関係をあらかじめ意識しておくためでもあります。これを明確にわかるようにしておかないと、書評を書くときに両者を混同する恐れがあります。

ノートを使う読書術では、**本の内容を深く吸収してオリジナルの思考を磨くこと**を大切にしています。そのためにも、本で書かれていることを批評せずそのまま受け取ったり、借りものの思考をまるで自分の考えのように錯覚しないような仕組みをつくっておくのです。

読書ノートで文章も上達する

「抜き書き」を「コメント」と区別しておくことは、ライティングの技術上も重要なことです。

「母さんが部屋に来てご飯ができたと言った」と「母さんが部屋に来て『ご飯ができたわよ』と言った」。書評でも、この二つの文のような、間接話法と直接話法の区別ができなくてはなりません。

一般に出回っている雑誌や新聞の文章には、確定的な文章ルールがあります。しかし、高校や大学では教えてくれません。昔は、学校を卒業してから文章を書くケースは、手紙やビジネス文書くらいだったので、それでよかったのです。

けれど今日のように、誰もが書いて表現する時代では話は違います。不特定多数の人に読んでほしいのなら、ある程度のライティングの心得は必要です。

一般向けの文章の書き方は、本多勝一さんの『日本語の作文技術』（朝日文庫）などを熟読すれば、多くの発見があるでしょう。

ただ、読書ノートをベースにしても、外向けの文章を書くのはなかなか大変です。言い回しや構成を練るのはしんどい。思ったことをそのままブログに書いた方が、楽なことは確かです。

それでも、読書ノートを使って構成を練ってから書くと、アウトプットの質が上がり、自分のスキルも上がることは間違いありません。どうせなら、自分のためになるものを書いた方がいいと思います。

読書ノートによる「悩み解決法」

僕は現在、ウェブで「『三冊だけ』で仕事術向上！『ビジネス書、徹底比較レビュー』」という書評連載をやっています。「同一テーマの本を三冊読んで、ビジネスパーソンの悩み（コミュニケーション、メンタルヘルスなど）について考える」というのが連載の趣旨です。

たとえば「仕事と結婚」というテーマを決めたら、

A……ワークライフバランスを提唱する女性経営者（既婚）の本
B……異性とのコミュニケーション法を教えている大学教授の本
C……会計士夫婦による「結婚が仕事にもプラスになる」という本

という三冊をひと月の間に読み込んだ上で、読者に僕なりの提案をするという内容です。

ＡＢＣの本から、役に立ちそうなところだけを紹介していくこともあれば、ＡとＢの対立する部分をCで解決する、Aを基本にBとCの事例を見ていくといった構成もあり、毎回違います。

要は、ABCの三冊に議論を戦わせてもらって、最終的に僕が判断するわけです。

ここで、いきなり連載のことを紹介したのは、この手法が、個人的な問題を解決するのにも使えるからです。

たとえば、転職しようか悩んでいるなら、人に相談するだけでなく、「転職」「キャリア形成」「会社選び」「働き方」といったテーマで、できるだけ多様な考え方が聞けるように三冊の本を選んで読む。そして、熟読して読書ノートをつくりながら考え、結論を出す。この方が、身近な人に相談するだけのケースより、納得感があるし、良い結果にもつながりやすいのではないでしょうか。

僕もこの連載を書くとき、そのテーマで悩んでいる人になりきって、一冊ごと、論点ごとに読書ノートをつくってから、原稿の展開やアイデアを考えています。たとえば、「仕事と結婚」のケースであれば、次のような読書ノートをつくりました。

・Aの要点＋コメント
・Bの要点＋コメント

・Cの要点＋コメント
・論点……結婚のメリットとデメリットは？（要点＋コメント）
・論点……パートナー選びのポイントは？（要点＋コメント）
・論点……モテない人は具体的にどうすべきか？（要点＋コメント）

前半の三つは、ねぎま式読書ノートです。ただ、抜き書きするほど時間はかけられないので、「○抜き書き☆コメント」ではなく「○要点☆コメント」というかたちにしています。

後半の三つのノートは、一つの疑問に対してABCの本で書かれているメッセージをメモし、僕のコメントを書き加えたものです。

比喩的に言えば、一つのテーマについて、三人の専門家に個別に意見を聞きに行き、さらに重要な論点は三人でディスカッションしてもらうというわけです。ここまで整理できると、「要はこういうことじゃないかな？」というおぼろげな結論が見えてきます。

これが仮説です。あとはマーキングした箇所を再読したり、読書ノートを読み返したり、重要な文章のコピーを取ったり（原稿作成に使ったあと、一部を切り抜いてノートに貼る）といった作業をしながら、仮説を検証していきます。

「でもこういうケースだとダメだよな？」

「Aにこう反論されたらどう答える?」

「具体的にはどう行動すればいいのか?」

といった「自己ツッコミ」を繰り返して、考えを深め、仮説の修正を繰り返し、最終的に自分なりに確信の持てる結論にいたるというわけです。

この「読書ノートによる悩み解決法」は、一見、これ以上ないくらい迂遠《うえん》に見えますが、そうでもありません。一週間もあれば余裕でできることです。何週間もあれこれと悩み続けるよりは、はるかにマシでしょう。

しかも、体験として価値があります。この読書で得た知見は、他人の相談に乗るときにも使えるし、自分のほかの悩みを考えるときにも使えるからです。

情報を組み合わせてアイデアにする

読書ノートはアイデアをつくるときにも活用できます。

「アイデアとは、既存の要素の新しい組み合わせ以外の何ものでもない」

【読書ノートによる悩み解決法】

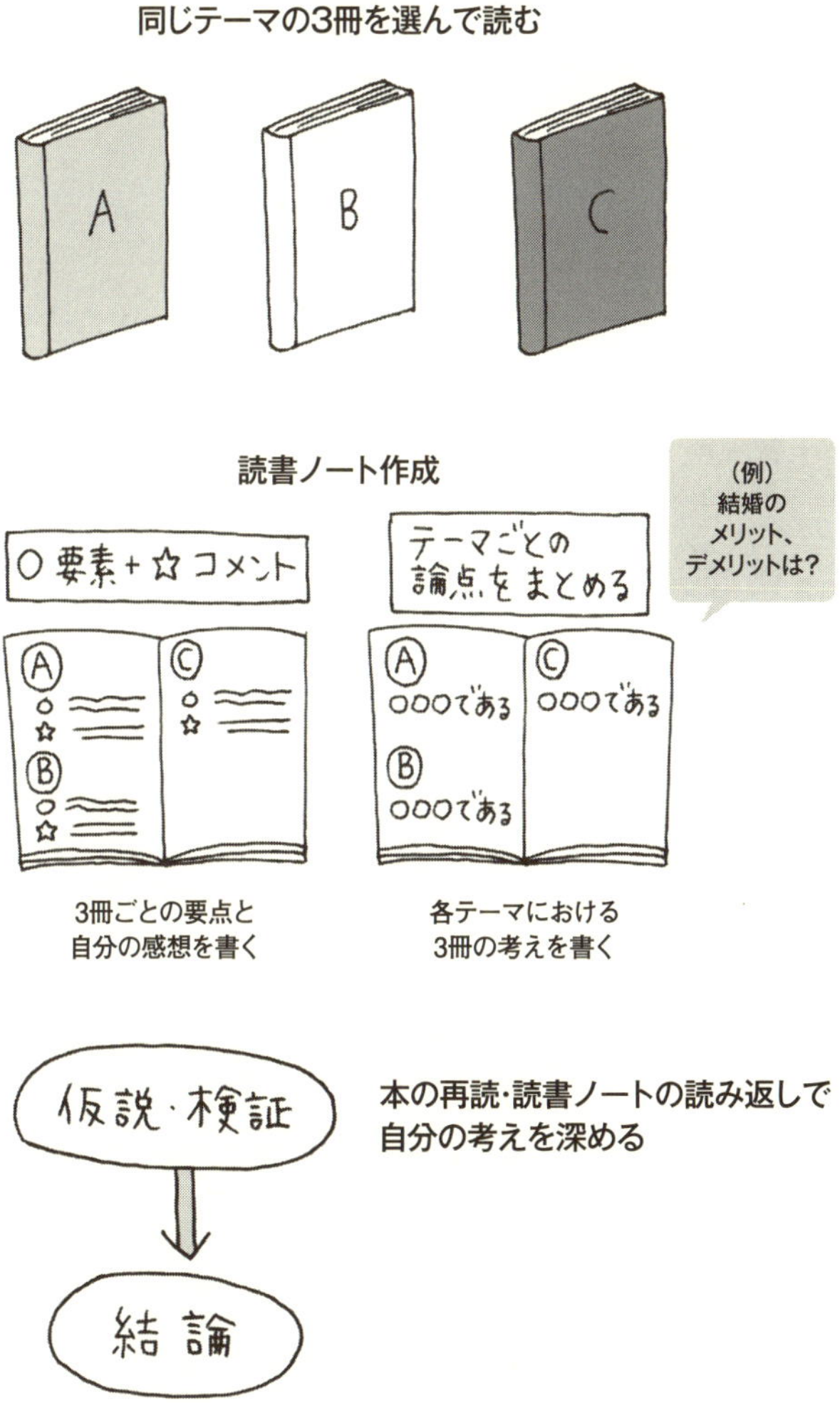
同じテーマの3冊を選んで読む
A
B
C
読書ノート作成
○要素＋☆コメント
テーマごとの論点をまとめる
（例）
結婚の
メリット、
デメリットは？
A ○ ☆ B ○ ☆ C ○ ☆
A ○○○である B ○○○である C ○○○である
3冊ごとの要点と
自分の感想を書く
各テーマにおける
3冊の考えを書く
仮説・検証
結論
本の再読・読書ノートの読み返しで
自分の考えを深める

ジェームス・W・ヤングは『アイデアのつくり方』（阪急コミュニケーションズ）の中でこう言いました。この手の本をよく読む人なら、耳にタコができるくらい聞いた言葉でしょう。

医師の築山節さんは、これをもっとわかりやすいかたちで表現しています。

「子どもの頃の体験、親や学校の先生から教わったこと、学生時代に勉強して覚えた知識、趣味や自分を高める活動の中で得た情報、最近読んだ本の中に書いてあったこと、友人から聞いた話、仕事の中で自然に覚えた知識……。そういう雑多な情報と、今回のアイデアを生み出すために改めて集中的に脳に入力した情報が組み合わさったときに、他の人には出せない独自のアイデアが出てくる」（『脳と気持ちの整理術』NHK出版）

つまり、情報がいくらあっても、それが組み合わされなければ、アイデアは発生しないということです。アイデアは**情報と情報をつなぐ補助線をどれだけ引けるか**にかかっているのです。

その組み合わせる情報自体は、誰でもアクセスできるような普通のものです。というより**「既存のもの」**でないと、誰も理解できません。

その点で、過去の読書ノートを引っ張り出してきて読み返してみたり、本棚を眺めたりといろいろな情報を棚卸しして並べてみるのは効果的です。アイデアを出すための呼び水のように作用します。

たとえば僕は、「仕事とは何か」とか「会社とは何か」といったテーマに漠然と興味を持っています。

転職したりフリーランスになるのに悩んだこともあるので、いわゆる「働き方」「キャリアづくり」にも、普通の人より関心がある。同世代や下の世代に向けてのメッセージも少しはあります。

仮に、そういった内容を文章にしたり、企画書にまとめるには、過去の読書ノートを次のように使うことができます。

まず読書ノートを読み返してみます。たとえば、『3年で辞めた若者はどこへ行ったのか』（城繁幸／ちくま新書）の読書ノートは、次のようになっていました。

☆転職はいいとして、あまりフリーランスやボランティア活動をもてはやすのは危険では。本人は嫌かもしれないけれど、長いものに巻かれないと食っていけない若者もいるのではないか？　そんなヤツはどうすればいい？

『会社は2年で辞めていい』（山崎元／幻冬舎新書）のコメントには、

☆著者のキャリア形成についてのアドバイスは、大手や上場企業でバリバリやっている人以外には、あまりピンとこない。低学歴や二〇代前半ならなおさら。いい本なのにこの本を一番必要としている人には届かないかも。

といったコメントが、（実際にはもっとグダグダな表現で）書いてあります。

ノートを読み返すことで、こういった問題意識を書いた当時の僕が持っていたことがわかるわけです。ならば、僕が「働き方」のジャンルで何かを書くなら、これら二冊の内容に対する感想を組み合わせて、

・特に能力のない若者が食っていく方法
・中小、零細企業人のためのキャリア形成戦略

と、こんなあたりが軸として考えられます。

企画の趣旨、書籍のメッセージとしては、

若者は小さい会社でもいいから、とりあえず入社して経験を積もう。社会に対立するのでも迎合するのでもなく、もっと二段三段構えでズルく立ち回らないと、上の世代に太刀打ちできない。若者がズル賢く生き抜くために必要なのは、これまでの転職本やキャリア形成本には書かれていない、一種の『世渡り術』ともいうべきスキルなのだ。


という感じでしょうか。

読書ノートをつくっておけば、そのときに考えていたことはきちんとパッケージ化されて残されています。これらを引き出せば、**アイデアの素材として活用できるのです**。

さらに、企画に限らず、新規事業のアイデアに活かす場面も出てくるかもしれません。

たとえば、『いつまでもデブと思うなよ』(岡田斗司夫/新潮新書)を読んで、自分の行動を逐一記録するダイエット法が多くの読者に受け入れられていることに興味を持ったとします。

読書ノートにそのときの感想を書いておいて、あとで読み返す。そして、もう一つのアイデア、たとえばネット上でのサービスであったり、手帳であったり、書き込めるカレンダーなどと組み合わせて、行動を記録できる新しい商品やサービスの企画書としてまとめてみる。

あるいは、最近、勉強がブームのビジネスマンの間で「自習室」が話題になっているという雑誌の記事を読んだとしたら、それをノートに書いておく。そのあともちょこちょことネタを付け足していきながら、空間の二次使用を考える居酒屋と組み合わせて、昼間は自習室にするという新サービスのアイデアにする。こういった展開も考えられます。

ノートを使った読書術なら、本の情報を死蔵しないで、あとで有効活用することができます。こまめにノートを見返していけば、情報同士が組み合わさって、仕事につなが

【ネタが組み合わさるとアイデアになる】

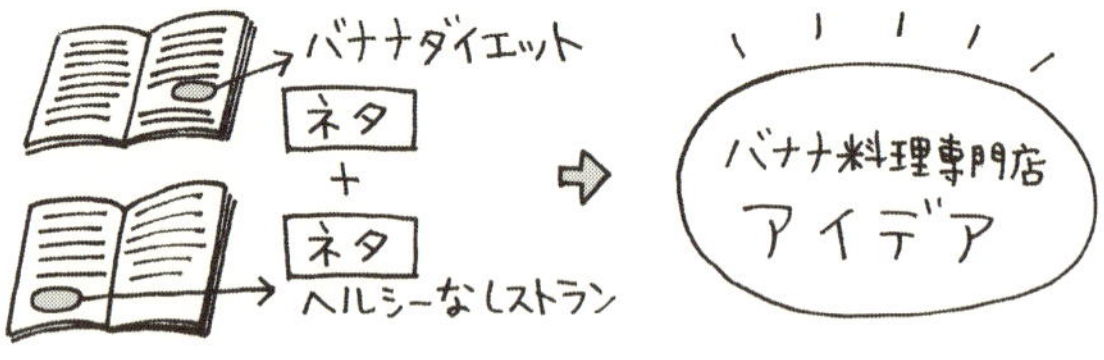

過去に書いたネタを索引で引っ張り出して組み合わせる

るアイデアを生み出すことも可能なのです。

どこに書いたか、手が覚えている

さて、ここからは、読書ノートを活用するためにも、過去のノートからどうやって特定のページを見つけ出すかについて説明しましょう。

結論から言えば、ノートに一元化していれば、パラパラめくっていくことでたいていの情報は探し出せます。読み返しをしたことのあるノートなら、不思議なもので「だいたいこのへんにあった」という記憶が残っているのです。

ただ、ノートが何冊もたまってくると、さすがに「あの本の読書ノートが見たい」と思っても、すぐに出せなくなってきます。そんなときは、付箋やマスキングテープで「印」を付けておくと、手早く見つけられるようになります。

最も簡単にできる方法として、ぜひおすすめしたいのは、一度参照したページに付箋を貼っておくことです。

無目的に過去のノートを読み返した場合でなく、「あの本の読書ノートを読みたい」という意図を持ってノートを参照した場合、そのページの上から飛び出すかたちでフィルム付箋を貼っておくのです。

こうしておくと、ノートを閉じても「過去に参照したページがある」ということがわかります。

そして、また特定の本の読書ノートを読みたくなった場合、心当たりのあるノートの付箋を貼ってあるページを開いてみる。すると、二、三カ所を開いてみるだけで、目的のページを見つけられることが多い。一度参照したものは、それだけ印象深い読書体験なので、二度三度と参照する可能性も高くなるのです。

読書ノートを示す「サイン」をつくる

また、「〇〇という本の読書ノートがここにある」と本のタイトルまでわかるように、印を付けておく方法もあります。

一つは、表紙にマジックで**タイトル**を書き入れておいたり、**帯や補充カード**を貼っておいたりすることです。こうしておくと、他の同じようなノートと見た目で区別され「〇

表紙のアイコンで中身を示す

その本を買った土地の記念スタンプやミュージアムの半券、包装紙の切り抜きなどを表紙に貼っている。このアイコンからノートの中身がだいたいわかる。

○という本の読書ノートは、この中にありますよ」というサインになります。何冊もノートがたまっているとしても、特定の一冊をすぐに見つけ出せるでしょう。

昔、映画の前売り券をよく買っていたとき、手元に残った半券を、ノートの表紙に貼っていました。こうしておくと、該当する映画の感想メモが「このノートの中にある」ということがわかって、なかなかに便利でした。これと同じ仕掛けですね。

本の場合、なかなかかっこいいデザインの帯がないのが問題ですが、文芸作品や映画化された作品などは、比較的、ノートに貼ってもサマになると思います。

検索用の「ツメ」をつくる

さらに、一冊のノートの中にさまざまな本の読書ノートが入っている場合、ノートの見返しに**「目次」**を付けておくことで、すぐに目的のページを探し出せるようになります。

左の写真のように、ノートの表紙をめくったところに、本のタイトルを書いておき、対応するページの小口を塗ったり、マスキングテープを貼って**「ツメ」**をつくっておく。

これで、分厚いノートでも、辞書のように簡単に目的のページを探し出せます。

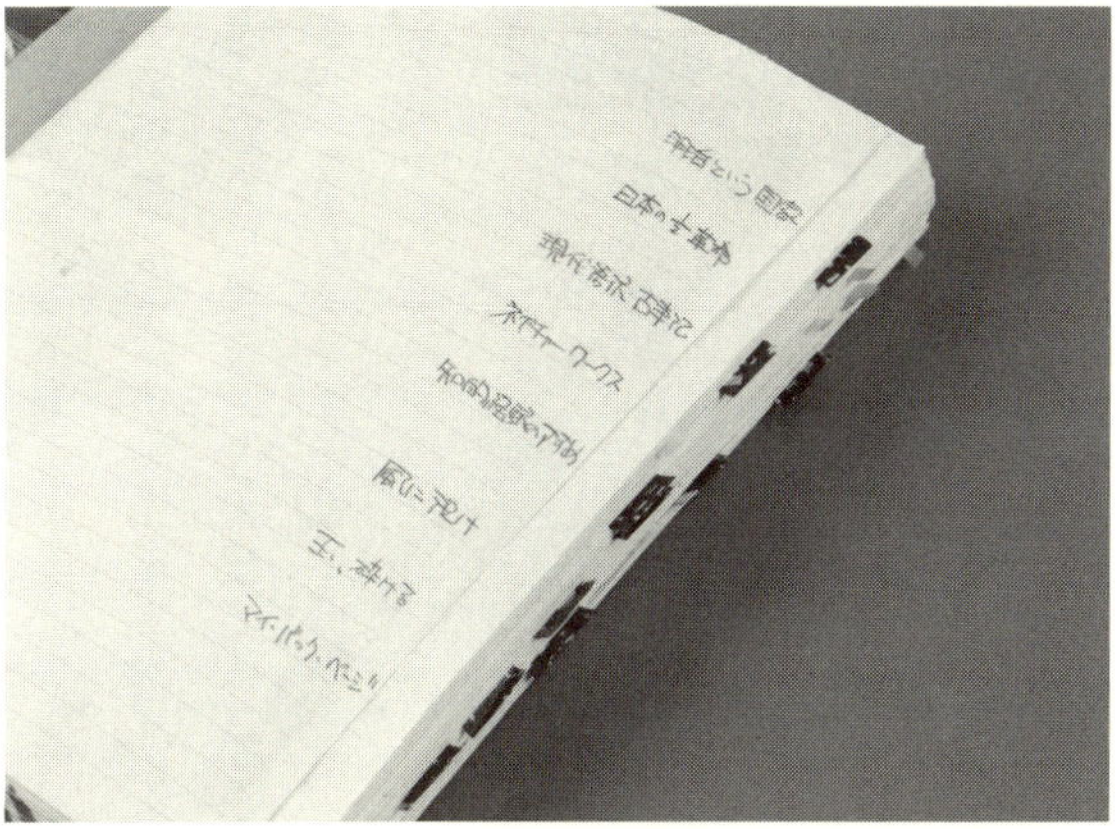

本のタイトルと対応させたツメ

ノートの「見返し」（表紙をめくったページ）にツメと対応する本のタイトルと書き込んだ。ここまでやっておくと、後でノートを参照するときもスムーズだ。使用頻度の高いノートは、このように手を加えて使いやすい状態にしておくといいだろう。

横から見た検索用のツメ

マスキングテープを折り返してツメにした。付箋より剥がれにくく、信頼感がある。数ミリほどページからはみ出す形の方が、ページを開きやすい。同じ高さにあるツメは同じタイトルの本の読書ノートや資料であることを示している。

使い終わったノートが一〇冊に満たない場合は、この方法で十分探し出せるでしょう。ある本の読書ノートがどのノートに書いてあるかは、その本を読んだ時期などからでも判断できるからです。

いい本が、何度読んでも発見があるのと同じように、いい読書ノートは何度読み返しても、新たに思うことが出てくるものです。「見たい」と思ったときに、すぐに振り返ることができるように、使用済みのノートは、使いやすくカスタマイズしておくのがいいでしょう。

デジタル索引をつくる

さらに、読書ノートを完璧に管理しておきたい場合には、パソコンでノートの**「索引データ」**をつくっておくという方法があります。

パソコンならば、たとえ一万冊のタイトルが並んでいても、「タイトルに『金融』を含む本」などと検索すれば、一瞬で目的の文字列を見つけることができます。

そこで、付箋やマスキングテープなどの目印に加えて、パソコンを使った参照システムをつくっておけば、何十年たってもすぐに見つけ出すことができます。ノートの消費量が少ない人は、めくって探すことも十分できますが、読書量の多い人は、このような検索の仕組みをつくってみてください。

次で紹介する方法ならば、たとえ一〇年前に読んだ本であっても、そのとき感じたことや考えたことを参照することができます。

はるか昔の自分の思考と現在の思考を比べることで、ギャップを感じてさらに考えが深まり、アウトプットのネタにもなります。何十年というスパンで、深く本と付き合うことができるわけです。

二〇〇冊を一気に検索する

僕は、パソコンで約二〇〇冊のノートに対応する索引データを次のような何百行もの文字列としてつくっています。

【12】080811　読書ノート　江戸三〇〇藩 最後の藩主／八幡和郎／光文社

【13】080903　読書ノート　アウトサイダー／コリン・ウィルソン／集英社
（中略）
【190】130905　読書ノート　ブラック企業／今野晴貴／文藝春秋

たとえば、最終行は、「一九〇冊目の二〇一三年九月五日のページに『ブラック企業』の読書ノートがある」ということを示しています。入力しておく情報は、**「ノート番号」「日付」「タグ」「タイトル」「著者」「出版社」**の六情報です。

特定の本の読書ノートを探すときは、このテキストデータを全文検索します。すると、「『アウトサイダー』はどのノートだっけ？　ああ、一三冊目にあるのか」というのがわかります。

索引データにある**「読書ノート」**というのは、キーワード検索するときのことを考えた分類タグです。タグを付けることで、細かいキーワードで検索しなくても、カテゴリーとして引っ張り出すことができます。

行中に「読書ノート」の文字列を含むものだけを抽出すれば、過去に書いたすべての「読書ノート」の項目名が、一発で検索できるわけです。

作成は、下の写真のように、単純に一項目ずつ改行して入力していきます。

ノートはルーズリーフのようにページが動かせません。だから、時系列を守って書いていくと、あらゆるメモに「〇冊目の×月△日のページ」という固有の住所ができます。そういった**「情報の住所」**と**「情報の名前」**だけを、検索可能にしておけば、必ず参照できるということです。

わかるのは「情報の住所と名前」だけで、情報そのものではないというのがミソです。これによって、常にノートパソコンを持ち歩いて思いつきを入力したり、紙の資料もスキャンしてデータ保存するという情報そのものの保管方法と比べて、はるかに入力作業を楽にできます。

満タンになったノートに一〇冊の本の読書ノートが入っているとするなら、一〇行、既存データに追加入力するだけ。これなら五分もあればできます。

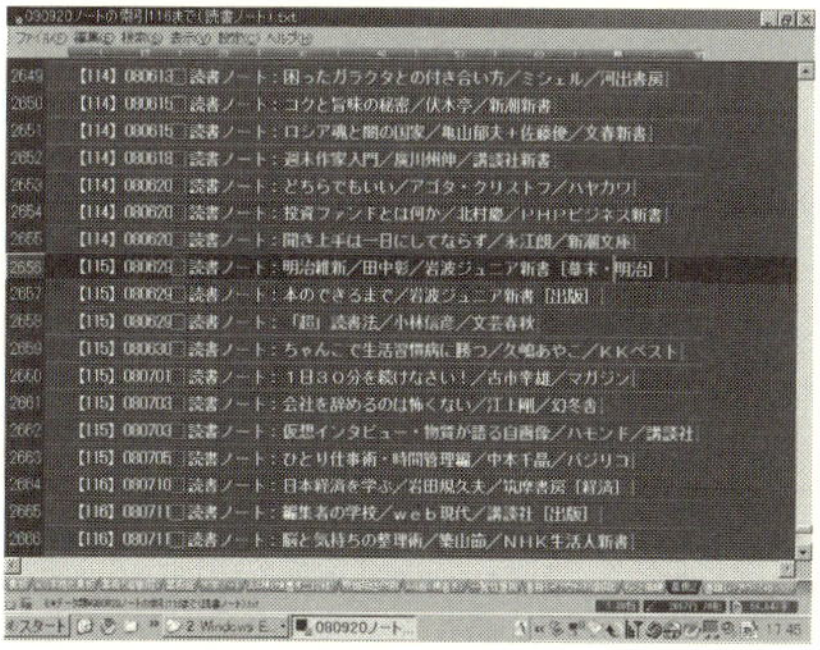

著者の索引データ

テキストファイルでノートの索引を作成。これで、文字列を検索するとどのノートのどのあたりの日付にあるかすぐにわかる。10年近く前のボロボロのノート山から、サッと目的のページを発見できるのは、ちょっと不思議な感覚だ。

【参照システムの仕組み】

1 2 3 4 5 6 7 8 9 10 11 12 13 14 15 16 17 18 19
ノート
索引
読書ノート
江戸
8冊目の080520
12冊目の080811
情報の住所をデータベース化
【12】080811 読書ノート
江戸300藩最後の藩主／八幡和郎／光文社
12
080720
〜
080831
080811
12冊目の「080811」のページを開く

「思い出せない」を克服

読書ノートを「索引テキスト」でデータベース化して検索可能にしておくことは、本の内容を思い出せないときに威力を発揮します。

読書家を悩ます最大の問題は、

「何かで読んだのだが思い出せない」
「あの話はどの本に書いてあったっけ」

というものでしょう。

この悩みは本書の参照システムをつくることで、ほとんど解消します。僕の場合、だいたい次のようなパターンで検索しています。たとえば次のような具合です。

①「読書ノート」というタグで検索

索引テキストの中から「読書ノート」のタグが入った行だけを抽出すると、これまでに読んだ本のリストになります。これで「読了書リスト」をつくります。抽出したデータをプリントアウトすると、読書ノートを探すのが楽です。

読書ノートをつくった順に本のタイトルが並ぶのはなかなか壮観です。現実に本棚を眺めて、以前読んだ本を引っ張り出してパラパラ見たりするのも楽しい。ところが、背表紙を眺めるだけでは、目立つ本以外は目に入ってこないという問題があります。

その点、このデータの抽出による「読了書リスト」は、本棚に本を並べる場合より、一覧性の面ではすぐれているのではないでしょうか。タイトルが並ぶだけでも、記憶をよみがえらせるのに十分な場合もあります。

ブログに「二〇一三年のベスト本」とか「過去に読んだ思い出深い本」などの記事を書くときにも役に立つでしょう。

僕も、「最近読んだ中でおもしろい本があったら教えて」などと聞かれた場合には、考える前にとりあえずリストを抽出することにしています。

「そんなのあったっけ。ちょっと見てみるか」と思っていても、実際探してみると、何かしら「これはすごい本でしたよ」と言いたくなる本が見つかるから不思議です。

②タイトルで検索

タイトルやその一部で検索すれば、何冊目のノートのどのページにその読書ノートが書いてあるかがわかります。

たとえば、「ロシア」で検索した場合、次の一行がヒットします。

【89】080611　読書ノート　強権と不安の超大国・ロシア／廣瀬陽子／光文社

この場合は、「八九冊目の日付080611のページ」という具合ですね。そのページを開けば、抜き書きやコメントを見ることができます。

例に挙げたロシアの本の場合、僕はこれではじめて、あのあたりにデリケートな独立問題があることを知りました。

そして二〇〇八年の夏、グルジアにロシア軍が攻めていったとき、「この問題は以前読んだあのロシアの本に詳しく書いてあったな。今ニュースでやってる『南オセチア』の訪問記もあったような気がする」と思って、直接本に当たる前に、索引データを手がかりにノートを開いてみることにしたわけです。

ちなみに、タイトルは忘れてしまっていたので、タイトルの一部である「ロシア」で検索しました。すると、ノートから

○スターリンを全世界的な英雄として称え、かつてのソ連を知るものは、その統治体制は一九四〇〜六〇年代のソ連に非常によく似ていると述べる。(P64)
☆いまだにソ連が残っている「未承認国家」。地球上にまだこんなところがあったとは……。ロシアは細かい商売してるなあ。

と、当時インパクトを受けた箇所と自分のコメントが見つかりました。

このように、データ化した索引を検索し、ノートを見てから、本を探して参照すると、いきなり本を開くより簡単に見つかります。つまり、

索引テキスト→読書ノート→書籍

と、あえて回り道をするわけです。薄い本ならパラパラめくって見つけることができるけれど、専門書などのページ数の多い本の場合、これがとても効いてきます。

きちんとした読書ノートをつくっている場合だと、ノートを見るだけで用が済む。これは過去の自分からのパスが届いたようでとても気持ちがいいものです。

仮に、読書ノートには気になったキーワードしか書いていなくても、そのキーワードを抜き出した出所ページ数が控えてあれば、あとで検索するときの有力な手がかりになります。

③著者名で検索

著者名で検索するのは、特定の著者の本をリストアップしたいときや「あの人がこんなことを言ってたのはどの本だったっけ」と読書ノートを手がかりに記述を探す場合です。

誰しも、本棚の中には同じ著者の本がかなりあるものですが、場所はバラバラになっていることも多いのではないでしょうか。文庫本とハードカバーが交ざっていると、一カ所にまとめておくこともままなりません。

それに対し、この方法では、同じ著者の本を一発でリストアップすることができます。その中で参照したい言葉が書かれた本を探す場合は、タイトルから推理します。そうやって読書ノートを開いて、該当箇所の抜き書きが見つかれば最短のケースでしょう。その著者の作品が少なければ少ないほど、見つかりやすい。これは間違いありません。

反対に、何十冊も出てきたら、ちょっと難しいかもしれません。おそらくタイトルから「あたり」をつけて探すより、本棚から全部引っ張り出して根性で探すのが、正攻法になるでしょう。似たようなテーマで何冊も書いている著者ならなおさらです。

④アンカーを落としておく

あるジャンルの本を、知らないうちにかなり読んでいるというのはよくあることです。日本人論であるとか、経営論、フェミニズムとか、他にも個人の趣味によって、「ワイン」「ダイエット」「ペット」「演劇」「パソコン」とか、「イタリア」「京都」「大正時代」なんていう切り口もあるかもしれません。本棚を眺めて、自分の買っている本に何か傾向がないか、一度、調べてみるといいでしょう。

僕の場合は、マスコミ・ジャーナリズム論は、学生のころから今までずっと読んでいます。さらに、たまたま鹿児島に旅行した影響もあって、数年前から幕末や明治初期についての本をよく読むようになりました。

このように、あるテーマの本を継続的に読んでいく場合は、ノートに書かれた読書ノートの索引項目を立てるときに、

060725　読書ノート　戦国と幕末／池波正太郎／角川　**【幕末】【明治】**
071209　読書ノート　ジャーナリズム崩壊／上杉隆／幻冬舎　**【マスコミ】**

と、「索引データ」の行末に入力しておくことにしました。

この［　］内の言葉を「読書ノート」などの「タグ」と区別するために、僕は**「アンカー」**（いかり）と呼んでいます。

こうしておくのは、マスコミをテーマに何かネタを出さなければならなくなったときなどに、参考資料を一括して呼び出すためです。

［マスコミ］で索引テキストを検索すれば、マスコミやジャーナリズムをテーマにした本を、一気にリストアップできます。

また、企画を考えるときは、その読書ノートを見直しながら再度ノートに書いておきます。索引テキストでの項目名は、

【18】080422　企画案　マスコミ不信の構造

と、こんな感じです。

企画がたまってきたら、今度は「企画案」というタグで検索すれば、これまで書きつけてきた「企画案」のリストを出すことができます。

もちろん、マスコミをテーマとした本でなくても、マスコミについての鋭い視点が含まれていることも多い。雑誌や新聞の記事も同じです。また、アンカーの付け忘れもたまにはあるので完璧とは言えません。

それでも、大まかなリストアップ作業が一発でできるのは時間の節約になります。この本を書くとき、僕は本棚の前で、読書について書かれた本を片っ端から取り出して机に積みましたが、意外と探すのに時間がかかりました。

「読書論」というアンカーを付けておけば、それぞれの本の要点と、自分の考えを一覧することができ、企画の骨子や要点をスムーズにつくり上げることができたと思います。

「読書百遍」ができるようになる

かつての読書術で言われていたのは「本は何度も読み返しなさい」ということでした。確かに何十回も読み返せば、確実に身につくでしょう。「読書百遍意自ずから通ず」（難しい本でも何度も繰り返し読めば、自然とわかってくる）との言葉もあるくらいで、再読は理解への王道と言えるでしょう。

ただ、これが現代の出版事情にも当てはまるかというと、疑問があります。

一部の文芸作品や専門書を除くと、現在は、本はわかりやすく簡単な言葉を使って書くことが一般的になっています。「読書百遍」に当てはまるような本は、ほとんどありません。座右において読み返すような本となると、ほとんどが古典になるでしょう。

僕は、再読は必要に応じてすればいいと思います。

「あのエピソードをもう一度読みたい」というとき、多くの人は本棚の前に立ち尽くすだけですが、読書ノートがあれば、スムーズに、重要な箇所だけを参照することができるのです。つまり、読書ノートは、面倒な再読をマニュアル化してくれる。

「作家のエッセイにあった執筆の心構えについての名言を」

「あの小説で見つけたあのかっこいいセリフを」

「クライマックス寸前の緊迫感の描写を」

普通、こういったものをもう一度読みたいと思っても、なかなか本棚を片っ端から探してページを繰ることはありません。

多くは、本棚の前に立ち尽くすうちに、読みたいと思ったこと自体を忘れてしまうでしょう。これでは再読につながりません。

対して、読書ノートがあれば、このような衝動に、すぐに、逐一、向き合うことができます。いちいち参照することが、再読の積み重ねになり、何年もたてば結果的に「読書百遍」に近くなってくる。検索と参照も読書術の一環なのです。

参照するときは、読書ノートの記述を手がかりに、記憶をたどる作業になるでしょう。それでもノートを注意深く見ていけば、ほとんどの場合たどり着けます。

つまり、再読は必要に応じて行う。これが現実的な方法なのではないでしょうか。

基本的に、情報というものは近いものほど参照する可能性が高いのです。一週間前のメモより三日前、それより昨日のメモの方が見る確率は高い。過去の読書ノートを参照して、何か考えがわいたら、使用中のノートに新たに読書ノートを書いておくといいでしょう。

本の価値はなかなかすぐにはわかりません。読み終わってから、じわじわと魅力を増していく本もあります。だからある程度、時間経過による淘汰と醸成が起こることを想定して、淡々と読書ノートをストックしておきましょう。

気になったときにそのままにするのではなく、すぐに見返す。そしてメモしたときの思考と、時間がたっていろいろな知識や情報を仕入れたあとの今の自分の思考とを比較する。このような読み方こそ、普通の再読ではなかなかできない血肉化の技術なのです。

NOTEBOOK

第5章

読書体験をより充実させる20のアイデア

この章では、ノートを使った読書術を続けるためのコツや、ちょっとしたノウハウを紹介していきます。読書体験をより楽しく充実したものにするためにも、ここで紹介する方法をぜひ取り入れてみてください。

①メールで書籍を検索する

書店の検索端末というのは、タイトルがわかっている本の場所を探すのには便利です。しかし、「一番いい茶道の入門書は？」といった探し方をするのには向いていません。かといって、趣味のコーナーでお茶の本を探すと、単行本やムックは並んでいるものの、新書や文庫がありません。

ではどうするかというと、スマートフォンで検索したりするわけですが、お店の中で突っ立って端末を操作するのも、なんだかサマになりません。

そんなときに使えるものとして**「アマゾンのメール検索」**があります。

これは、メールの「件名」に検索ワードを入れてメールを送信すると、検索結果が返信メールとして届くというサービス。受信メールには、アマゾンの商品ページのリンクが張ってあるので、興味のあるものだけをチェックできます。

送信してから検索結果が届くまで、一分ほどタイムラグがあるので、書店に行く途中などで、**「茶道　入門　新書」**などと件名に入力してメールしておけば、到着するころには、検索結果が届いています。

他にも、興味を感じた言葉を検索ワードに入れて送信しておけば、受信メールが残るので「このテーマの本を買う」というリマインダーになります。さまざまな使いこなし方が考えられるサービスです。

・メールアドレス＝a@amazon.co.jp

②ネットより「レファ本」を使う

「レファ本」というのはノンフィクション作家の日垣隆さんの造語で「レファレンスブック」「参考図書」のこと

メールでアマゾンを検索する

2006年から続いている息の長いサービス。メール一本出しておけば、検索結果が受信ボックスに届くので、備忘録的にも使える。いわば「バッチ処理」なので、通信速度や電波状況に難があるときなどにも使いやすい。

です。

簡単に言えば「百科事典」のような、**何かを調べるときの手引きの役割**を果たしてくれる本のこと。これについては『使えるレファ本150選』（ちくま新書）で詳しく紹介されています。

レファ本があると、どんなことでも興味の芽をつぶさないように調べておくことができて便利です。ネット検索と違って、脱線したり余計な情報が出てこないことがとても心地よく感じられます。

レファ本のうち、そろえておくといいものはこんなところでしょう。

・地図
・図鑑
・統計
・百科事典
・年表
・字引き

地図と統計が一緒になった「読める世界地図」「データで見る日本地図」といった本がいろいろな会社から出ているので、書店で選んで買い求めるのがいいでしょう。同様に、年表も歴史の棚か参考書のコーナーにあります。

中高生向けの教科書や参考書もおすすめです。

高校生のころよく使った山川出版社の『詳説世界史』『詳説日本史』の他にも、池上彰さんの『そうだったのか！ 現代史』シリーズ、シグマベスト（文英堂）の『政治経済』『地理』、一般教養となっている基本テーマを誰でもわかるように書いている「岩波ジュニア新書」なども関心分野のものを買っておくと便利でしょう。

家に置いて、海外ドキュメンタリーを見ては引き、大河ドラマを見ては引き、としているうちに、いろいろな知識が身につきます。

そして、興味を持ったことがあったら、そのつどノートにメモしておくようにしましょう。**「思いつきメモ」**で

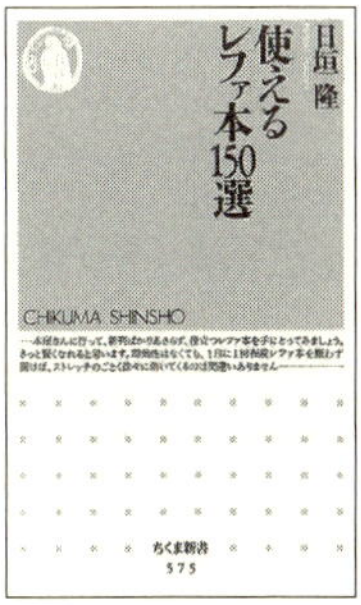

日垣隆『使えるレファ本150選』（ちくま新書）

さまざまな分野のレファレンス本を紹介している好著。「ネット検索の時代に紙の事典とは」と言われそうだが、ネット上にない情報もまだまだ多いのだ。

す。どんなことでも構わないので、思いついたものは、随時メモするようにします。

また冠婚葬祭のしきたりや、かしこまった手紙の書き方なども、いちいちネットで調べるよりも、思い切って「レファ本」を買っておく方が速いし、統計や地図は本を読んでいるときの息抜きにも使えます。

『コンパクト日本地図帳』（昭文社）のような小型の地図は、旅行にも持って行くことができます。車窓から見える山の名前を調べたりしていると、移動も楽しくなるでしょう。

③百科事典を読もう

百科事典は、電子辞書を買ってしまうのがいいと思います。携帯して、電車の中でも調べものができるからです。

上位機種を買うと、『マイペディア』という平凡社の百科事典に加えて、『ブリタニカ』が入っているものがあります。これを常にカバンに入れておくと出先で知りたいことが出てきたときにすぐに調べることができます。

シリアのニュースが国際面をにぎわせているなら、まず百科事典で「シリア」を調べる。次に歴史の教科書でイスラエルと争っている国の歴史背景を調べたり、現代史の方でも見たりする。そして、アマゾンで最近の中東情勢のことを書いた本をチェックして、「探書リスト」に書誌データを書き写しておき、購入するようにします。

このように、興味をたどって本につなげると、読みたい本がなくなるということがありません。旅行に持って行って、地名や人物をさっと調べることができれば、ガイドの代わりにもなります。

通勤や通学のときも、オリンピック招致のニュースをスマートフォンで見るより、百科事典で近代オリンピックの歴史を調べてみる方が、得るものは大きいでしょう。

松本清張は百科事典で偶然見つけた記事「西郷札」から、デビュー作の着想を得たと言います。百科事典は**好奇心をアウトプットにつなげるツール**でもあるのです。

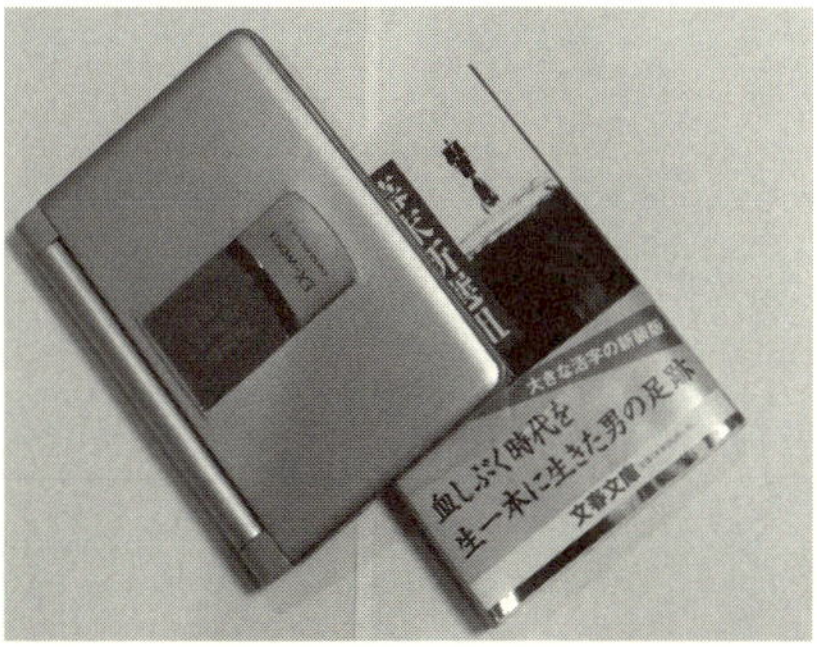

百科事典を収録した電子辞書

カシオのエクスワードを8年も愛用している。文庫本サイズなのにブリタニカと平凡社の百科事典を収録しているというすばらしい逸品。前方一致ではなく「あるキーワードを含む記事」で検索すると、予想外の記事が出てきたりしておもしろい。

④リマインダーとしての定期購読

雑誌を毎回買うなら、定期購読にするのがいいでしょう。

一括で入金しているわけですが、それを忘れたころにポストに雑誌が投げ込まれているのは愉快なものです。プレゼントが届いたような幸せな気分になります。

週刊誌は通勤電車で読むので外で買うとしても、『文藝春秋』や『中央公論』のような背の硬くて分厚い月刊誌は、届けてもらった方がカバンも軽くなる。荷物が多ければどうしても書店に行く足は重くなってしまいます。

もう一つ、定期購読をすすめるのは、特に意図せず、不意に新しい情報や知見に出会えるからです。この**「不意に」**というのが大事です。

読みたいものを読みたいときに読んでいると、どうしても、読書のインプットはパターン化されてきます。疲れているときにはエッセイ、頭がよく回転するときには評論、やる気を出したいときには自己啓発本、というように。

雑誌を定期購読しておくと、たまにこのような予定調和を破ってくれます。食わず嫌いだった作家が意外とおもしろいことに気づかされたり、これまで関心のなかったことに、瞬間でも目を向けさせられるのです。

定期購読は、いわば定期的に多角的な視点を呼び戻すための「仕組み」です。

たとえば僕は、男なのに『暮しの手帖』をよく買っています。別にパウンドケーキを焼いたり、エプロンを縫ったりするわけではありません。

毎日仕事をしていると、知らないうちに殺伐とした気分になってくることがあります。そんなとき、季節感があって懐かしい雰囲気のある雑誌をパラパラ見ると、気が休まるのです。

本や雑誌は**生活に投入される思考の触媒**と考えればいいのではないでしょうか。そうなると、考えが凝り固まることを未然に防ぐための本や雑誌は、投入を自動化しておくのがいい。歩けなくなってから、歩いてすぐの病院に行こうとしても遅いのです。

出版社が発行するＰＲ雑誌なら、年間の定期購読料は一〇〇〇円程度です。定期購読の効能をつかむには、このあたりから始めるのがいいかもしれません。

⑤書店は「新刊」「古本」「旅先」

書店で衝動買いはほとんどしないと書きましたが、古書店の棚は別です。僕の家の近所には、二、三日置きに棚をすべて入れ替える古書店があって重宝しています。

新刊で買うより安いことに加えて、最大の利点は、**本との偶然の出会い**が起きることでしょう。僕が知っている本、見聞きしたことがある本というのは、せいぜい高校生になって以降に刊行された本か古典くらいです。

でも、古書店の棚には、戦前の本や戦後の本、絶版で手に入らなかった本がいっぱいあります。これは新刊書店と比べて大きなメリットです。

今、仮に新刊書店で、あるテーマの本を探そうとすると、たいてい誰もがみんな同じ本にめぐり合うことになります。手に入る本は限られているからです。それに最近刊行された本はみんな、時代の精神のようなものに共通の影響を受けています。結果、インプットに差異は生まれません。

ところが、定期的に古書店に通っていると、現在とはまったく異なったものの見方に

「不意に」出会うことができるのです。**そのインプットのランダムさが、発想を飛躍させてくれます。**

もう一つ、これは新刊書店ですが、旅先の書店も通りかかったら、ぜひのぞいておくとです。といっても、独特の品揃えを見せる由緒ある書店とは限りません。空港や駅の売店でもいいのです。お土産を売っている片隅に、本棚が置いてあるのをよく見かけますね。

ここでは、ご当地ものを探します。地域の英雄や郷土史ものなどです。普通の書店には置いていない本もあるし、文庫や単行本といった垣根を超えて、同じテーマの本がまとめて並べられていることもあります。

鹿児島空港の売店には、案の定、西郷隆盛や桐野利秋《きりのとしあき》など、薩摩藩士の評伝や歴史小説が一カ所にそろっていました。こういう本をいちいち普通の書店で探して、全部チェックするのはなかなか大変です。

団体旅行で行ったので、到着したときは何の興味もありませんでしたが、薩摩藩の武家屋敷などを観光したあとに、空港で西郷隆盛の評伝を買って帰ったときは、機内で非常におもしろく読むことができました。

こういうものは自分と少しでも接点ができると、とたんに興味がわくものです。それに、読書ノートに書く自分の感想も、**実地体験を反映したもの**を書くことができます。

無味乾燥なデータ集のように感じられるゲーム攻略本も、そのゲームをプレーしている人にとってはおもしろく感じられるように、要は自分と接点があるかないかで、本のおもしろさは変わってきます。健康やダイエットの本がよくヒットするのも、体を持っていない人はいないからだと思います。

できるだけ旅行先の書店にも足を運び、実際に観光地を目にした感動が冷めないうちに、その土地に関連した本を購入する。そうすると、夢中になって読むことができます。ぜひ試してみてください。

⑥難テーマは「からめ手」から攻める

第4章では読書ノートを使った読みこなし方法を説明しました。古典や難しい内容の本を読む場合、特にそういった**「からめ手から攻める」**という考え方が肝心になります。

ソフト的な「からめ手」は**入門書**や**解説書**ですね。先ほど紹介した「レファ本」でいろいろ調べてみるのもそうだし、岩波ジュニア新書の『行政ってなんだろう』『明治維新』のような基本レクチャーシリーズもそうです。他にも、**図解版**や**漫画版**などもあれば使えます。

ハード的には、**大活字**や**現代仮名遣い**、**ダイジェスト版**などです。たとえば、『ドン・キホーテ』を読もうと思ったら岩波文庫の全六巻を読む以外に、次のような方法もあります。

- ・岩波少年文庫……高校生くらい向け、かなり短い
- ・河出書房新社の世界文学全集（絶版）……本筋に関係ないエピソードを省いたもの
- ・新潮社……朗読できる美しい新訳と挿絵入り

ダイジェスト版は邪道だという意見もあるでしょう。しかし、そういう考え方を突き詰めると、ドストエフスキーを読む前にロシア語を勉強しなくてはならなくなります。読書はそんな了見の狭いものではありません。タブーはな

さまざまな『ドン・キホーテ』

岩波文庫版は全6巻の大長編。この小説は、寄り道、脱線が数え切れないくらいあるので、ダイジェストバージョンも数多く出されている。岩波少年文庫版は、ドン・キホーテの旅立ちから死までをなんと367ページに凝縮。

いのです。
急がば回れで、一冊読むより三冊読む方が簡単なこともあります。
だから、ちっとも内容が頭に入らないときには、一時退却して、

・漫画版
・解説書
・図解版
・ダイジェスト版
・講演録
・対談
・大活字版
・現代語訳

あたりを探してみて、それらを読んでからもう一度チャレンジします。理解できたことをとりあえず「読書ノート」としてまとめておき、再度必要なときに取り出せば、大きな山もいずれ攻略できるでしょう。

堅い木を削るときは、角など削れるところから削っていくのと同じです。すると、その断面や新たにできた角に刃が食い込むようになり、次第に思ったところを削れるようになります。無理して正面から立ち向かうより、**まず攻略できる入り口から攻める**。そのときの感想や概要なども、ノートに記録しておけば、理解を進めるように使えます。

⑦「ツンドク山」で読みこなし

「ツンドク」というと、読まないイメージの方が強いかもしれません。

しかし、僕は読書法の一つとして「とりあえず積んでおく」ことにしています。

本を買ったら、付録で紹介する**「平置き本棚」**（ブックシェルフ）に積んでおくのです。そこには他にも**読んでいる途中の本**が積んである。本棚にしまうのは、読み終わって読書ノートをつくり終わってから、と区別しています。

こんなことをする理由は、併読のためです。飽きっぽいので、常にそのときの気分に合った本が読みたい。たとえば、暗い小説が読みたい気分なのに、ちょうどいい本がないのは困ります。

つまり、この「平置き本棚」は、自分という仕入れ担当者がつくった書店の棚のようなものです。

旅行に行くときなどは、この中からよく考えて一〇冊くらいを選んで持って行きます。普通の本棚だと、積んでおくと下の方の本は取り出せなくなりますが、この平置き本棚なら安心です。

二つ目の理由は、前述したような古典や難しい本の「読みこなし」のためです。たとえば僕の場合、五年以上も前に買った『大審問官スターリン』（亀山郁夫／小学館）は、ほとんど読んでいないまま、いまだツンドクの中にあります。

でも、これはスペースの無駄ではありません。目につくところに置いておくことに意味があるのです。きっとまた別のロシア関連本を読んだあとなんかに、「そういえばスターリンの本があったな」と、開いてみることになると思います。

このように、「一時退却して、バージョンアップ後に再

【未読、読書ノート化待ちは積み、読了後は棚へ】

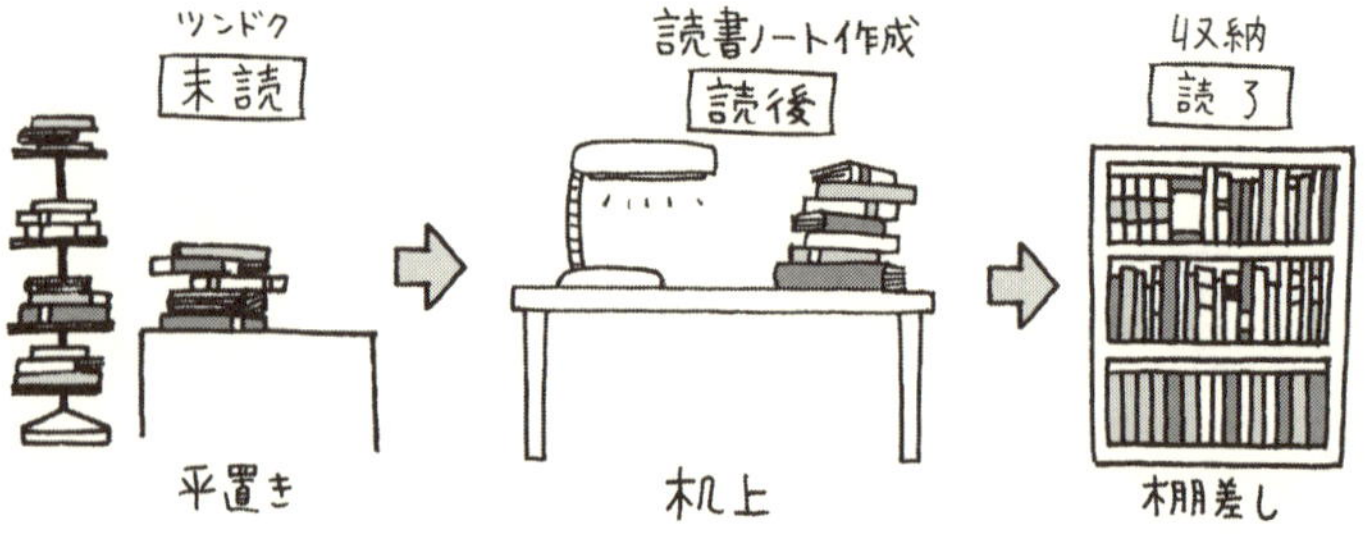

チャレンジ」するためにも、「ツンドク山」をつくっておくのはいいと思います。

実は本の山はもう一つあります。机の上の**「読書ノート化待ち」**の本です。

これは第3章で説明したように、冷静になって抜き書き箇所を減らすため、一時的に寝かせているもの。「山」といっても一〇冊もないので、仕事のやる気が起きないときなどに、気分転換も兼ねて作業を進めるようにしています。

書き写すうちに気分が乗るのではないか、と半ば強制的に信じていますが、実際のところはよくわかりません。

⑧古典を枕にする

古典を読むのもおすすめです。

古典のいいところは、どんなにおもしろくなくても、取るに足らない本はないところでしょうか。

古典だけは、主観的な評価は当てになりません。全然おもしろくないようでも、何年かすると価値がわかったりする。加えて言えば、まったく読まなくても、資料として使えるので、持っておいて損はありません。

古典は、身近に置いておくと、突然、おもしろく読めるようになることがあります。なぜこんな不思議なことが起こるのかというと、きっと古典が時の試練に勝った本だからでしょう。普通の本が猫だとすると、古典は化け猫みたいなもので、もはや本の範疇を超えています。時のふるいに残るというのは、それくらいすごいことです。

古典を読むコツはズバリ、**「おもしろくなるまで積んでおく」**ことです。

旅行に持って行ったり、電車の中で読んだりして、体を慣らしていくのもいいでしょう。ストーリーのダイジェスト版や解説書を先に読んでしまうのも手です。そんなことぐらいで魅力は減りません。そうしておくと突然読みたいときがくるものです。

僕にとってメルヴィルの『白鯨』の前半は、これ以上ないくらい退屈な本でした。少し読んでは途中でやめる、を何度も繰り返しましたが、結局買ってから二年くらいがたち、あるとき上下巻のほとんどを熱中して三日くらいで読みました。読書歴の中でもかなり不思議な体験でした。

この経験で、すぐには読めなくても、読みたくなったときに備えて、常にアクセスできるようにしておくことが重要だとわかりました。

睡眠導入用に枕元に置いておくとか、本棚にしまわず、リビングの机の端にでも置いておいて、読みたくなる瞬間に備えておきましょう。いつか波がきてすーっと読め、何年分ものカタルシスがやってきます。

考えてみれば、この容易に読みこなせないという性質自体が、古典の魅力となっているようにも思えます。読む、嫌になる、忘れてまたはじめから読む。こんなことを繰り返す以外にも、他の本で外堀を埋めていくという手もあります。

ストーリーを漫画や映画で把握してから読むのも一つの手でしょう。

⑨三冊を持ち歩き併読する

僕はものすごく飽きっぽい性分なので、本は常に三冊以上は持ち歩いています。

さらに百科事典の入った電子辞書を持っているので、よほどのことがない限り「読むものがない！」ということにはなりません。

三冊のうち一冊は**文庫**か**新書**にしています。なぜなら、全部ハードカバーだとつり革につかまって片手で読める本がないので、軽くて持ち運びしやすいサイズの本を一冊は入れるようにしているのです。

ジャンルも重要です。欲を言えば、古典、現代小説、ルポルタージュ、エッセイ、評論、実用書、ビジネス書あたりを硬軟取り交ぜて持っていれば一〇〇％安心できるのですが、カバンが重くなります。それに実際、一回の外出で何十冊も読むことはまずないでしょう。

三冊を併読するのは、「飽き」を逆手に取って読み進めることができるからです。

小説を読んでいて、冗長なストーリーにイライラしてきたら、すぐに政治評論にスイッチ。二、三編を読んで腹を立てたりしたら、今度は軽いエッセイを取り出して気楽に読む。

こんなふうに、コロコロと変わる気持ちを押さえ込まないのがコツです。気分に応じて読む本を取っ替え引っ替えしていきます。これを繰り返していると、「えらい難しい本を買ってしまったなあ」と思っていた本でも、その日の気分次第で楽しんで読めてしまうから不思議です。

「⑧古典を枕にする」の項でも少し触れましたが、目につくところに置いておけば、どんなに難しい本でも、そのうちに読めるようになるものです。いつ読みたい気分になってもいいように、いつでもアクセスできるようにしておきましょう。

「読む」のに飽きたら、今度は作業をします。第3章で説明したように、マーキングや読書ノートの作成を読んだそばからやっていきます。そうすると、三冊を併読しているなら、三冊のそれぞれに**「通読」「再読」「マーキング」**の三通り、つまり九通りの作業があるわけです。

このように読書を流れ作業化してしまうと、通勤時間の読書もかなり忙しいものになるでしょう。立っているときはつり革をつかみながら読み進めて、座席に座れたら、これまでに読んだところのマーキング作業をやったり、線を引きながら読んだり、付箋を貼ってメモを取ったりするわけです。

すると、座っているのに、作業をしないのはもったいないと感じるようになります。立っていてもできる「読み」は後回しにして、メモやマーキングのような手間のかかることから、優先的にやっていくわけです。こうすると、通勤時間は集中的なインプットの時間と化します。僕はいつの間にか、電車ではほとんど寝ないようになってしまいました。

【3冊併読で9通りの作業】

⑩家中に本を置く

どこで聞いたかは忘れましたが、『広辞苑』を何冊も買って、すべての部屋に置いている人がいたそうです。何かが気になったら、ただちにその場で調べる。『広辞苑』何冊分かのコストで、字引きの置いてある部屋にいちいち移動する手間を省いたわけです。

辞書は一冊あればいいという常識から離れて、調べることの面倒くささをクリアしているのが見事だと思います。すぐに調べる人と、調べない人では、知識や語彙《ごい》の差は時間がたつほど開いてきます。

これと同じように、**本も家中に分散させればいいのではないでしょうか**。たとえば、居酒屋のトイレにはよく人生訓めいたものが貼ってあります。酔った頭で見ていると、知らぬうちに人生について考えていたりする。

このように、**空間が言葉の感じ方を左右する**ということもあると思います。トイレに詩集を置いておくとか、食卓に食べ物エッセイを置いておくとか、そのような効果を生かす方法はあります。

それとは少し違いますが、玄関に本置き場をつくってみるとなかなか便利でした。玄関わきに本を横にして積む「平置き本棚」を置いたり、下駄箱の上にブックエンドを立てて新書や文庫などのコンパクトな本を集めておきます。

出かけるときには、そこから一、二冊選んで持って行く。帰ってきたら、その場で戻す。このように使うと、いちいち用意しなくても、靴を履いて出かける寸前まで、今日はどの本を読むか選ぶことができます。自然なかたちで、その日の気分に合わせた本を選ぶことができるので、外出が楽しくなります。

⑪カバーを「むく」とスッキリ

通勤電車など、主に外で読む本は、カバーをむいておくことにしています。

【空間が言葉の感じ方を左右する】

空間に合わせたジャンルの本を読むと吸収が違う

こうして、洋書のペーパーバックのように本を裸にしておくと、カバンから出し入れしやすくなります。帯や表紙が引っかからないからです。

もう一つ利点があります。**「未読本＝裸」**という記号になるので、机の上にぽんと置いておいても、資料として一時的に机に出している既読本と紛れることがありません。

カバーを付けるのは、読書ノートも付け終わって本棚にしまうときです。

ただ、これを始めると「カバーをどう保管するか」という問題が出てきます。

僕の場合、カバーをまとめて、クリアファイルや大きめの箱に保管しておくことにしました。本棚にしまうときにいちいち表紙を探さなければならないのが難と言えば難ですが、便利な面もあります。これを繰っていけば、「こんな本を持っていたのか」と驚くことすらあるからです。

このカバーが、「進行中の本一覧」になります。平置き

カバーだけをファイルに入れておく

本を裸にむいたはいいがカバーをどうしよう、というわけで思いついたのがファイルへの収録。読んでいる途中の本の総カタログになるので、めくっていると楽しめる。

本棚のような、ツンドクを一覧できる設備がない場合は、カバーを束にしておくことで**「読みかけ本カタログ」**として使ってみてはいかがでしょう。

⑫雑誌は引きちぎりながら読む

今度は、本から少し離れて、雑誌の話です。僕は、週刊誌だと『週刊新潮』『週刊文春』『Newsweek』、月刊誌は『文藝春秋』あたりをよく読んでいます。

ほとんどの人がそうだと思いますが、雑誌は移動中に読むものです。ただ持ち歩くのも面倒だし、月刊誌なんかになると意外とかさばって重い。他にも単行本や文庫など読むものはいっぱい持ち歩いているので、少しでもカバンの中身は減らしておきたい。

そこで、普段から心がけているのが、**雑誌の軽量化**です。

一つは、読んだページから破り取っていって、駅のゴミ箱に捨てていく方法。『文藝春秋』や『中央公論』など、背を糊で固めてある雑誌の場合は、本のノドまでぐいぐい開くと引っ張っただけでメモ用紙のようにページが取れるようになります。

僕はグラビアや広告のページ、読まない連載小説などはこの要領ですぐ取ってしまいます。雑誌の場合、前から順に読んでいくとは限りません。こうやって「読み捨て」にしていくと読んでいないページだけが残って、未読ページの量が把握しやすいのです。

もう一つ便利なのは、家や会社でページを破って持って行く方法です。縦長に折りたためば、スーツの内ポケットにも入るので、満員電車でも気軽に読むことができます。もちろん読んだら駅で捨てるので、これも一種の軽量化といえます。

多くの週刊誌のように、針金で中綴じ製本されている場合は少し勝手が違いますが、綴じ側の紙を少し残して切り取れば、対応するページが外れることもありません。**ステンレス定規**（付録参照）を当てて破り取ると簡単です。

この二つの方法を使えば、雑誌の携帯性は大いにアップします。記事を折りたたんでポケットに入れておき、手ぶらで散歩して、喫茶店で読む。こういうことが手軽にできるわけです。

【雑誌は引きちぎって軽量化】

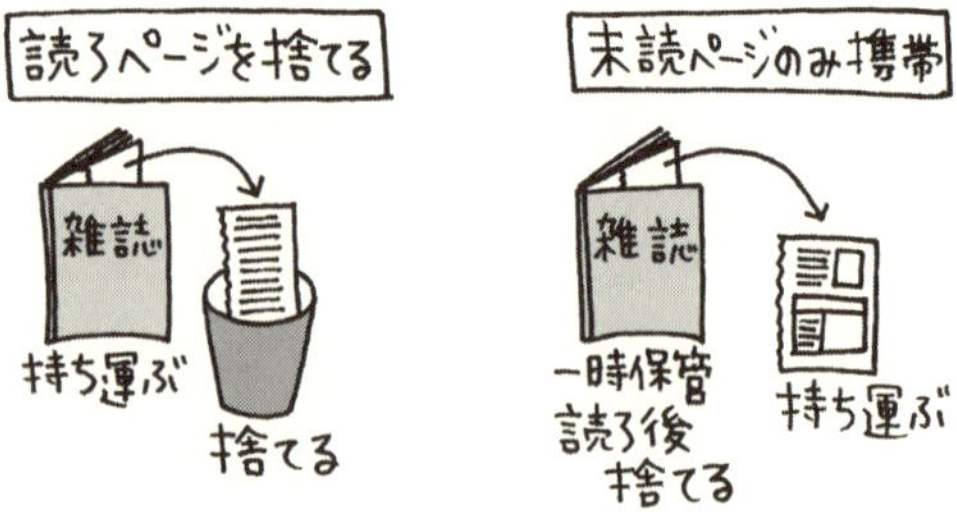

また、雑誌や新聞をうまく破る技も身につけておくと、スクラップもやりやすくなります。たとえば、新聞は縦方向だと、定規を当てずにほぼまっすぐに裂くことができます。製造工程で紙の繊維の向きがそろうので、紙は縦か横かどちらかに裂けやすいのです。ティッシュペーパーで試してみてください。新聞のほか、本や雑誌もたいていは繊維の向きは縦です。これを知っていれば、電車の中でも簡単にスクラップ作業ができます。縦に裂いて切り取った記事をポケットに入れておき、家か職場で熟読し、余分なところをカットして、ノートやスクラップ帳に貼ればいいのです。

付箋やマーカーで目印を付けて、あとから切り取ろうと思っても忘れてしまいます。ところが、この技を使えば、雑誌や新聞を読みながら、道具なしでスクラップ作業を始めることができるわけです。

⑬馬鹿にできない耳学問

先ほど、難しいテーマは「からめ手」から攻めると書きました。そういう意味では、何も知識の入り口を本に限る必要もありません。

他人にレクチャーしてもらったり、ビデオを見たりする方が、ある分野の入門書を読むよりオリエンテーションとして適切な場合もあります。オーディオブックも一種の「からめ手」でしょう。耳からのインプットは、本とは別の刺激になりそうです。

有名なポータルサイトでは「**FeBe!**（フィービー）」などがあります。また、語学や朗読音源の中にはポッドキャストとして無料でダウンロードできるものもあります。

でもベストなのは、やはり生の人間の話です。セミナーや講演を聴きに行くのは、極めて能動的な行為なので頭に入りやすい。その上、視覚、聴覚、嗅覚も使うので、音声を聞くだけよりずっと印象に残ります。

大型チェーンの書店では、定期的に本の著者を呼んで講演会やセミナーなどのイベントを開いています。定期的にイベントの情報をチェックしてみるといいでしょう。

オーディオブックの販売サイト「FeBe!」

ビジネス書をはじめ、日本史や世界史の教科書などもダウンロード販売している。政治経済の教科書を繰り返し聞いて知識の穴を埋めるのに使ったりすると便利だ。

さらに、有料でなくても、注意深く探せば、無料で参加できる講演会やセミナーはかなりあります。代表的な主催団体とよく扱っているジャンルは次のようになります。

・**商工会議所**……ビジネス、ものづくり、人事、人材
・**日本貿易振興機構**（ジェトロ）……貿易、国際ビジネス、海外投資
・**自治体**……文化、歴史、趣味、健康
・**博物館・美術館**……文化、歴史、学術

他にも、地元企業のホールでのイベント予定や大学の公開講座などもあるので、ホームページを頻繁にチェックしておくといいでしょう。講演を聴くときのコツは、眠くならないうちにメモを取ることです。眠くなってからでは手遅れになります。

ここでも読書ノートと同じように、**「ねぎま式」**でつけておくと便利でしょう。講師と対話するようなイメージで「○」に講師の発言、「☆」にそれに対する自分の言葉と交互に書いていく。こうしておくと、メモは単なる講義の聴き書きではなく、貴重な思考のストックになります。

⑭とっておきのペンを持つ

読書ノートをつくる面倒くささを飼い慣らすために、道具には凝るのがおすすめです。

普段使っているボールペンで書くより、紙の上をすべらせることに快感を覚えるようなペンを使う方が、同じ「書く」でも快適さが違います。特別な出張でグリーン車に乗るように、とっておきの本の読書ノートをつくるときのために、とっておきのペンを用意しておくわけです。

僕にとっては**万年筆**がそれに当たります。ペリカンの「スーベレーン」という万年筆は、重みがあっていい感じの文字が書けるので、読書ノートをしっかり書きたいときに使っています。書いていても充実感を覚えるし、読み返すのも楽しい。

ここぞというときに使う万年筆

ペリカンの「スーベレーン」を愛用。使うとき「真打ち登場！」という感じで少し気分が高揚し、気持ちが切り替わるので、本の抜き書きもはかどる。

また、万年筆や鉛筆など、手間のかかるペンは、やる気を引き出すのにもいいようです。作家のトルーマン・カポーティは、ナイフで鉛筆を何本も削ってから、仕事に取りかかったと言います。一ダースほど鉛筆を削ると、「さあ、いいかげん原稿に取りかかろう」という気になるのだそうです。

これはおそらく「作業興奮」を起こすための行為だったのでしょう。作業興奮とは、心理学者が指摘した脳のメカニズムで、簡単な作業をしているうちに、やる気になって仕事に没入できるようになることです。夜中に部屋の片付けをやると眠れなくなったりするのもこの現象です。

僕は、万年筆というのは、作業興奮を起こすのにちょうどいい文房具だと思います。万年筆で何かを書く場合、インクの湧出を調節したり、またインクを吸引したり、余分なインクをティッシュで吸い取ったり、とさまざまな作業が出てきます。

これは一見、面倒ですが、作業興奮を生むという点では、何のトラブルも起きないペンよりすぐれています。また、クルマやバイクをいじり回している人がいることからもわかるように、好きな道具をメンテナンスするのは、気持ちのいいことでもあります。机に座って、万年筆をいじり回しているうちに、やる気になっていくわけです。

⑮名言のステッカー化

「これは」という言葉に出会ったら、読書ノートに引用しておく。これだけでも、繰り返し読むことで忘れられない一文になっていきますが、もっと強く文章を頭に刻む方法があります。それは、文章を切り抜いてステッカーにしてしまうという方法です。

読み終わった本に**「これだけは片時も忘れたくない」**という名言がある場合、コピーを取って、しばらくはデスクの前に貼っておいたり、マットの中に入れておいたりします。

そして、ノートやファイル、書類ケースなど、貼るのにちょうどいいものが出てきたら、切り抜いて、下の写真のように梱包テープで貼る。

ノートの表紙に貼った「名言」

コピーを切り抜いて、透明の梱包テープで貼り付けた。本当に心が動かされた文章や肝に銘じておきたい言葉は、ノートの中身より目に付きやすい場所に収録するというわけだ。

こうしておくと、日常生活の中で、その道具を取り出したとき、「ああ、あの本の例の文章が貼ってあるなあ」と意識にのぼることになります。ものすごい存在感を放つし、他人の目も気になる。といっても他の人が見ても何の本かまずわかりませんが……。

この名言ステッカーをスマートフォンの裏やノートパソコンの天板に貼っておいてもいいかもしれません。ちょっと覚悟がいる行為なので、それだけ印象に刻み込むことができるでしょう。

⑯「抜き書き」から書き始める

自分の感想を書くとき、抜き書きをしてコメントをつけていくと書きやすい。この仕組みを使ったのが、「ねぎま式読書ノート」でした。

同じことが書評にも言えます。何か本について書くときは、その本の中で感銘を受けた文章をまず抜き書きする。そして、その引用にコメントをつけるようにしていけば、自分の考えを比較的スムーズに引き出していくことができます。それができたら、あとは構成を考えて、文章化していくだけです。

文章作成で筆が滞ったときには、**とにかく気になった文章を書き写してみる**。そうしているうちに、書けることがだんだん増えていきます。引用から入れば「何を書いていいのかわからない」という事態は避けられるし、頭が働かないときでも、原稿作成を進めることができます。

ある文章家は**「引用は魔法の杖」**と言いました。引用を使えば説得力が生まれるだけでなく、構成しやすく、筆が運びやすくなるという意味です。まさに至言と言えるでしょう。

⑰困ったときは「片っ端からコピー」

読書ノートは、自分の関心に沿って読んだ本のことや、そこでの自分の考えが書かれています。だから、読み返してみて、意外と仕事や生き方の思わぬヒントになることが多い。

アイデアが出てこなかったり、判断に迷ったりしたときは、過去のノートを読み返してみましょう。

そのときに便利なのがコピー機です。たとえば、ノートを読み返して、今考えていることに関係があったり、何かピンとくるものがあるページは、片っ端からコピーしていきます。これを過去数冊のノートでやったら、今度はそれを読み返していきます。

　この作業をやると、自分の考えが次第に整理されてくるのに気づくでしょう。依頼された原稿について、「何をどう書けばいいのかさっぱりわからない」というとき、僕はよくこの作業をします。

　そして、コピー用紙が数十枚になったら、それを持って、喫茶店や図書館に行きます。ペンでマーキングしながら読み進めているうちに、

「あ、この本について書けばいいんだな」

「このメモを膨らましたら書けそう」

「ここに書いてあるフレーズを使ったらどうか」

　という発見をたくさんするので、ノートに構想メモをつくっておきます。このノートから拾った発想をもとに考えていけば、どんなに関心の薄いテーマでも、原稿用紙一〇枚（四〇〇〇字）くらいは書くことができます。ノートを丁寧に読んでいくことで、自分の頭の中にあることを一つひとつ棚卸しすることができるのです。

⑱「マイ奥付」で本の経歴がわかる

本の巻末には「奥付」というページがあります。ここは著者名や出版社名の他、発行年月日や版数（どれくらい重版したか）までわかるという点で、その本の履歴書のような部分です。

ここに、この本が自分の手に渡ってから、どのような経歴をたどったかがわかるようにしておくと、もっと便利になります。

具体的には、本に必ずある奥付のページに、次のような「マイ奥付」を書き入れます。書き込むスペースがなかったり、直接書き込むのに抵抗を感じるときは大きめの付箋を貼って書き込むといいでしょう。たとえば、最近買った本の場合、「マイ奥付」として次のようなメモが書かれていました。

SHOP　○○書店・梅田店（**購入店舗**）
BUY　130725（**購入日**）

READ　130813（**読了日**）
MARK　130820（**マーキング完了日**）
NOTE　130901（**読書ノート作成日**）

これを見ると、この本は七月二五日に入手し、八月一三日に読み終わり、同二〇日までにマーキングが完了し、九月一日に読書ノートが作成されたことがわかります。

ひと月ちょっとで読書ノート化されたということは、けっこう買ってすぐにツンドクせず読んだということがわかったりして、なかなか興味深いものがあります。

また、もしこの本の読書ノートが見たい場合、二〇一三年九月一日時点のノートを見ればいいということも瞬時にわかります。

他にも購入金額や購入動機なども盛り込んでおいた方がいいかもしれませんが、面倒くさがらずに続けられるという点では、これくらいがベストだと思っています。

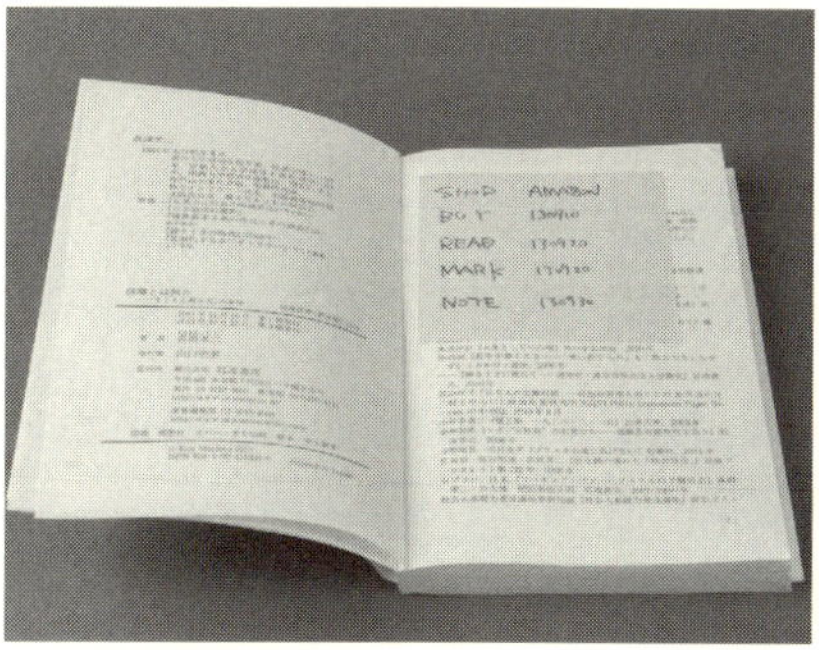

最近読んだ本の「マイ奥付」

奥付自体がデータの塊なので、そこに自分なりのデータを付けておけば、より多くのことがわかるようになる。自分がその本とどこで出会い、どのように付き合ってきたかがわかる経歴書なのだ。

⑲ 本とノートをクロスリファレンス

自宅にコピーの取れる複合プリンターがある場合、読書ノートをつくったタイミングでコピーを一、二枚取っておくと便利です。

その本についての読書ノートのコピーを挟んだ上で、本棚に本をしまっておく。こうしておくと、本を取り出したタイミングで、読書ノート（コピー）を参照することができます。コピーを取ったときに**「ノート番号」**を書き込んでおけば、すぐに読書ノートの現物を参照することもできます。

「あっ、この本ちょっと読み返してみよう」と思って取り出したときに、読書ノートのコピーが出てくる。さらに当時の状況を知りたいときには、出典元のノートを見てみると、同時期の新聞記事や読んでいた本の読書ノートが出て

本に読書ノートのコピーを挟んでおく

本棚にしまう前に、読書ノートのコピーを挟んでおけば、本を再読するタイミングで読書ノートが参照できる。なにげなく本棚から本を取り出したとき、読書ノートの存在を思い出させてくれるというメリットもあるだろう。

きて……。

「ああ、このときはリーマンショックが話題になっていて経済書をたくさん読んでいたんだな」と発見したりする。そこから本の再読にもつながっていくこともあるでしょう。

読書ノートを見て、本を開いてみたくなることもあれば、本を見て読書ノートを開いてみたくなることもある。このように、ノートと本が**相互参照**（クロスリファレンス）されるわけです。

⑳本棚を読書生活の基地にする

僕の仕事部屋は、本棚が壁一面にあります。だいたい一望でき、「このへんにあるはず」という記憶をもとに探せる規模です。

本棚は基本的に整理していませんが、次のような区画をつくっています。

①愛読書コーナー

一番見やすく、取り出しやすい位置に設けてある区画です。ここには最近読んで強い感銘を受けた本や、昔から繰り返し読んでいる座右の書、文章を書くときお手本にしたい本、読むと頭が冴える本、落ち込んだときに読むと励まされる本など、僕の目から見た**「超一流の本」**だけが並んでいます。

②廃棄本コーナー

愛読書コーナーとは反対に、目につきにくい一番下のスペースを使っています。本棚がいっぱいになってきたら**「これはもう読まないな」**という本だけを一〇冊ほどピックアップし、この区画に入れておきます。ここにある本はそのうち捨てられるか、古本屋に売られる運命にあります。

③ノートコーナー

直近のノートを三〇冊ほど並べているところです。これもよく参照するので、取り出しやすい位置にしています。本棚にノートを並べておくことで、読書ノートも、本も一カ所で参照することができます。ノートはここ数年の読書生活がわかる日記のようなものでもあるので、ここでノートを読んで、もう一度読みたくなった本を探したりします。

こうしておけば、それほど整理の手間はかかりません。

何より本にまつわることは、この本棚でノートや本を見ていけば、たいてい解決できます。この本棚に読書生活のすべてがあるからです。何か困ったことがあるとき、本棚に当たってみる。こういうクセがつけば、本やノートの「稼働率」は自然と上がってきます。

結果として、蔵書や読書ノートをより活用できるようになり、さらに自分の読書生活にも改善を加えていくことができるのです。

NOTEBOOK

付録

ノートづくりに役立つ文房具26

No.1	どこでも手に入るノート
メーカー	コクヨS&T
商品名	キャンパスノート(A罫・B罫・C罫)
用　途	読書のあらゆるシーン

言わずと知れた大学ノート。ノートを選ぶときには、品質や所有することの満足感も大事だけれど、いつでもどこでも安く手に入ること、すなわちコストと調達の容易さも重要でしょう。そういう意味で、誰にでもすすめられるものとして、コクヨのノートを挙げておきます。他メーカーでも品質の悪いものはあまりないので、あとは大きさやデザインなど、好みで選べばいいと思います。使っているカバンの大きさのほか、内勤か外回りかといった生活形態などが選ぶときの基準になるでしょう。本棚に並べやすいA6やA5サイズだと、保存や参照に便利です。

No.2	太めのシャープペン
メーカー	プラチナ萬年筆
商品名	プレスマン
用　途	メモ、マーキング

プレスマン、すなわちライターや記者など、メモを取る仕事の人が使うことを想定したシャープペンシルです。芯が0.9ミリと太めなので、筆圧をかけてもなかなか折れることがありません。鉛筆のように手荒に書くことができます。電車の中や外でペンを使うと、シャツやネクタイを汚してしまうことがあるけれど、これなら安心。本や書類にメモ書きするときは、ある程度、太い線で書く方が、周囲の文字に埋没しなくていいと思います。その意味では2Bの鉛筆なども、食卓やベッドの横に転がしておくと、マーキングにメモにと重宝します。

No.3	すらすら書けるサインペン
メーカー	パイロット
商品名	スーパープチ
用　途	メモ、マーキング

書くときの引っかかりが少ない筆記具を使うことで、手書き作業はずいぶん楽になります。紙との摩擦抵抗の少なさでは、サインペンは万年筆に次ぐのではないでしょうか。小説家の保坂和志さんもこの「中字」を原稿書きに使っていると書いていました。サインペンはどこの会社の製品でも、安くて書き心地がいいものです。ただこの「スーパープチ」シリーズだと、線の太さが太字・中字・細字と種類が豊富なので、自分にあったものを見つけやすいでしょう。

No.4	1本でいろいろな線が引ける
メーカー	ぺんてる
商品名	筆touchサインペン
用　途	メモ、マーキング

細いペン先が筆のように「しなる」ので、一本で極細字から太字まで書き分けることができます。筆圧が要らず、読書ノートで抜き書きしたり、コメントを書くときにも疲れにくくて気に入っています。このペンで引くと独特のゆらぎのある線になるので本にマーキングするときにも目立って見やすい。気に入った色をそろえておき、気分によって色を変えたり、再読したことを示すために、色を変えて本にマーキングするのにもおすすめです。

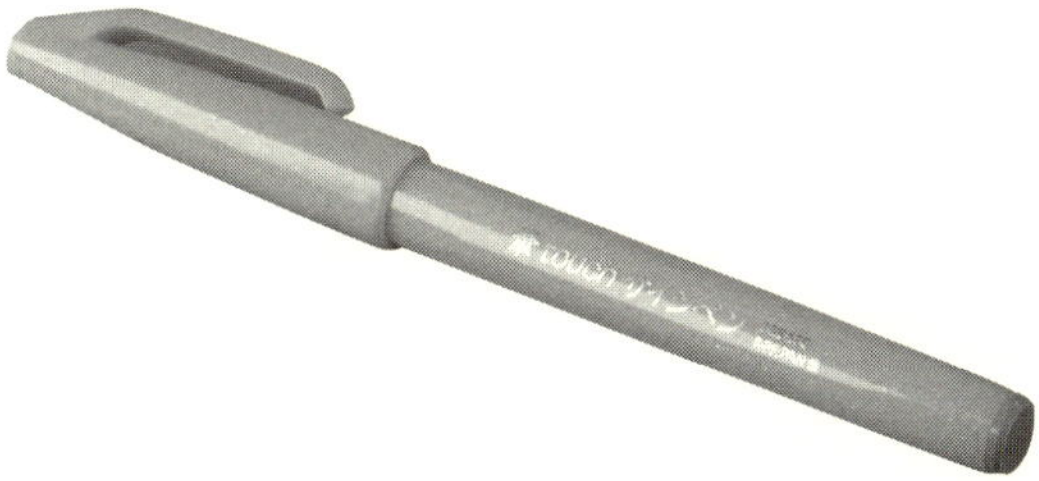

No.5	なめらかな水性ボールペン
メーカー	ぺんてる
商品名	ボールPentel
用　途	メモ、マーキング用

本書では手書きする場面がたくさん出てきますが、たとえ大した量ではなくても、書くことが単純労働のようで苦しくなるときがあります。そんなときには、いろいろなペンを用意しておいて、使い分けることがいい気分転換になるのです。たとえ100円のペンでも、用意して書き味のバリエーションを増やしておくことは、ノートづくりを楽しむコツと言えるでしょう。筆圧のかからない万年筆や軟らかめの鉛筆、なめらかな水性ボールペンなどは、手に負担がかからないので特におすすめです。

No.6	マーカー代わりの色鉛筆
メーカー	三菱鉛筆
商品名	ダーマトグラフ
用　途	マーキング

紙巻きの色鉛筆。糸を引っ張ってできた裂け目から、紙をくるくるとはぎ取れば、芯が出てきます。鉛筆削りを持ち歩く必要はありません。蛍光ペンやサインペンのように、ペン先の乾きを気にしなくていいので、本をつらつらと読みながらチェックしたり、文章の推敲、校正などをするには最適なツールだと思います。普通の色鉛筆よりずっと芯は軟らかく、つるつるした紙やフィルム、プラスチックの上などにも問題なく書けるので、カラーコピーなどの書類の整理作業や日曜大工などでの印付けの場面でも活用できます。

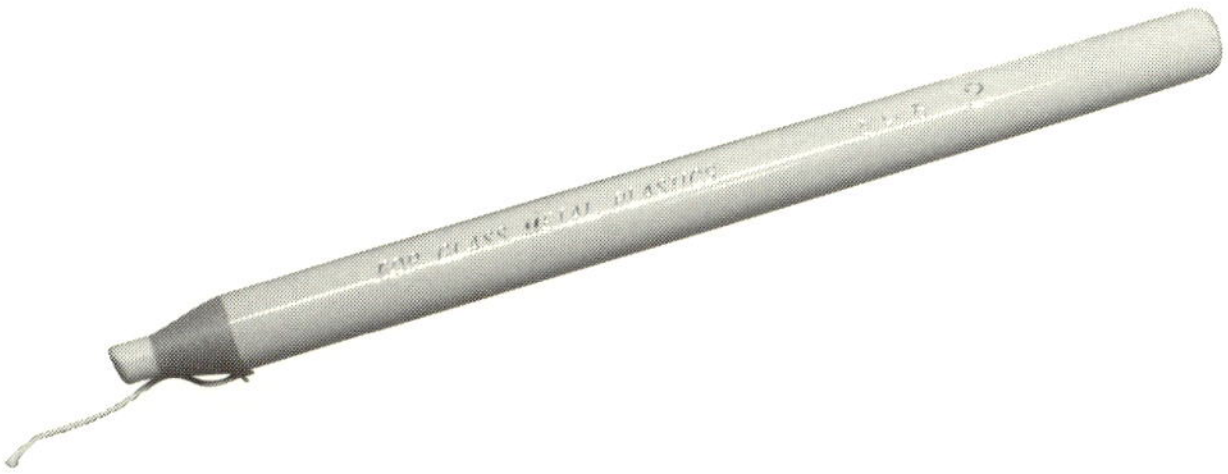

No.7	発色が良いチェックペン
メーカー	ステッドラー
商品名	テキストサーファー
用　途	マーキング

蛍光マーカーと同じように、本や新聞書評のマーキングに使います。蛍光マーカーのように紙にインクをしみこませるのではなく、クレヨンのように「塗り付ける」仕組みになっているので、インクの裏写りなどがないのがメリットです。そのため裏写りが気になるデリケートな本や薄い紙の辞書にも安心して使うことができます。紙に触れ合う感触も独特なので、単調になりがちなマーキング作業の気分転換にもいいかもしれません。

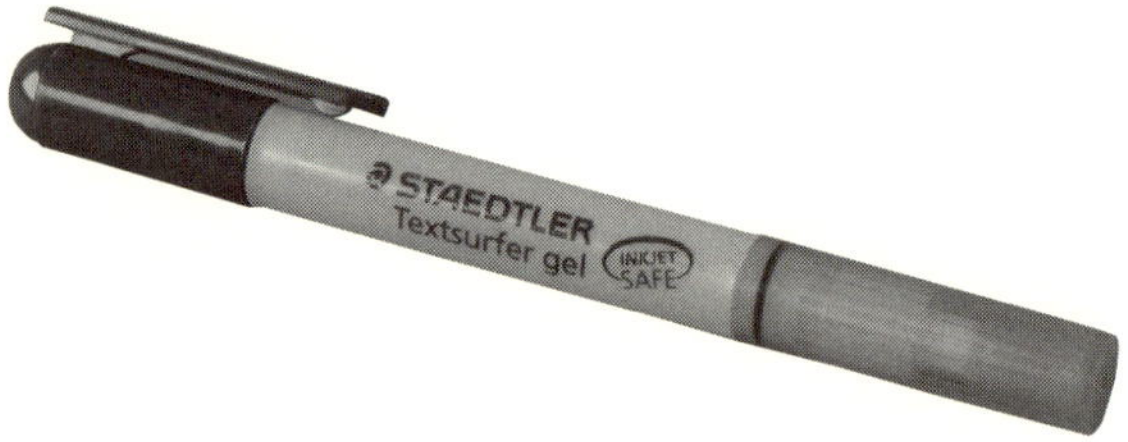

No.8	カラー筆ペン
メーカー	サンノート
商品名	筆タイプカラーペン細書き
用　途	マーキング

縦書きの本にマーキングするとき、普通の蛍光ペンだと線を引きづらい……と思っていたときに見つけたカラーの筆ペンです。100円ショップで3本入り(3色)でした。水性染料インクなので、淡い色合い。文字を書くのには向きませんが、マーキングには最適です。縦書きの本に線を引くときは、筆を寝かせると蛍光ペン感覚で使うことができます。読書ノートや書評記事のマーキングなどにも便利です。

No.9	安心なボールペン
メーカー	三菱鉛筆
商品名	パワータンク スタンダード（ノック式）
用　途	メモ、マーキング

宇宙空間でも、水中でも書ける「加圧式ボールペン」。耐水メモ帳とセットにすれば、風呂につかりながらでもスキューバダイビングしながらでもメモを書くことができます。また上向き筆記も可能なので、仰向けに寝転びながらメモしたり、本に印を付けるのにも便利です。僕の場合、外に一本だけ持って行くときは、このペンを持って行くことにしています。一番堅牢で頼りになるからです。以前、誤って服に付けたまま洗濯機に入れて、脱水までしてしまいましたが、まったく問題なかったのには感心しました。

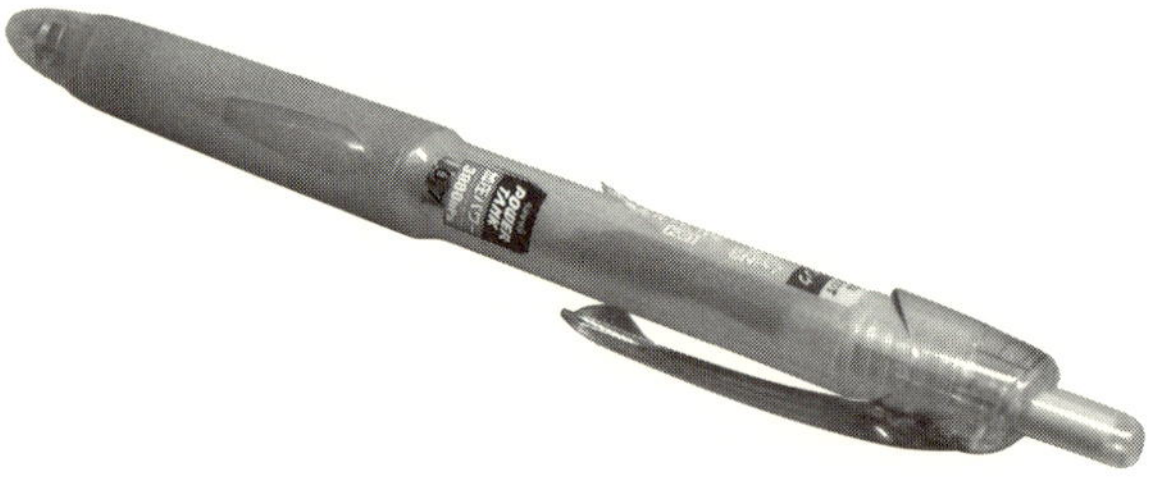

No.10	小さいフィルム付箋
メーカー	住友スリーエム
商品名	ポストイット・ジョーブ 透明スリム見出し
用　途	マーキング、しおり、検索

目印として本に貼った付箋は、「しおり」として使うものを除いて、基本的に貼りっぱなしにしておきます。一度参照したところはまた参照したくなる可能性が高く、残しておいた方が、あとになって目的の文章や記述を見つけやすいからです。というわけで、付箋は破れにくく、邪魔にならないサイズのものがおすすめ。大量に買って、家の中のあらゆる場所に置いておくほか、サイフやカバンにも忍ばせて、いつでもどこでも使えるようにしておきましょう。

No.11	携帯用ポスト・イット
メーカー	住友スリーエム
商品名	ポスト・イットスタイルミニノート
用　途	抜き書き、メモ

携帯することに特化したポスト・イット。厚紙のカバーと一体化されていて、折れ曲がりにくくなっています。また文庫本の半分にあたる大きさのA7サイズなので、ワイシャツの胸ポケットにも収まりがいい。ノートを取り出して書くのが面倒なときに、とりあえず書き付けるメモ用紙として使っています。書いたメモは、あとでノートに貼り付ければ、メモの散乱を防ぐことができます。罫線や方眼が入ったタイプがあるので、本の裏表紙に4、5枚貼り付けておけば、抜き書きやメモをするのにも便利でしょう。

No.12	全面に糊の付いた付箋
メーカー	コクヨS&T
商品名	ドットライナーラベルメモ
用　途	抜き書き、メモ

全面に糊が付いた付箋です。普通の付箋のようにめくれあがることが少なく、はがれにくい。基本的には、ノートや本の表紙に貼り付けてメモするのに使っています。本に直接書き込むのに抵抗のある人は、あらかじめ付箋を貼り付けておけばいいのではないでしょうか。メモした付箋は読み終わるまでそのままにしておいて、読書ノートをつける段階でノートに貼り替えることにしています。普通の付箋と比べると、紙質がやや硬めなので、しおり代わりに使うのもおすすめです。

No.13	ロール型付箋
メーカー	ヤマト
商品名	メモックロールテープ
用　途	抜き書き、メモ

ロール状になっている変わった粘着メモ。好きな長さに切り取って使います。切り取り用のミシン目の入ったものと入っていないもの2パターンが売られているようです。かさばるので、持ち歩きには適さないけれど、ちょっとしたマスキングやメッセージの掲示、ファイルや書類ケースのラベリング、目印付けにも便利です。記入スペースは小さいものの、一応、読書メモを取るのにも使うことができます。ノートに貼り替えたあと、めくれあがらないのもメリットです。

No.14	携帯に便利なテープ糊
メーカー	コクヨS&T
商品名	ドットライナー
用　途	スクラップ

いまやスティック糊をしのいで、事務作業の必需品となりつつあるテープ糊です。新聞や雑誌の書評や見つけた広告をノートに貼るのに使っています。粘着力や携帯性などで、さまざまな種類があり、ひと通りそろえておくと便利でしょう。携帯にも適したサイズなので、喫茶店などの出先でもノートへの貼り付け作業が可能です。またノートへの貼り付けのほか、コピー用紙の四隅に糊を付けて、ドアや壁に紙を掲示しておくなどといった使い方もできます。

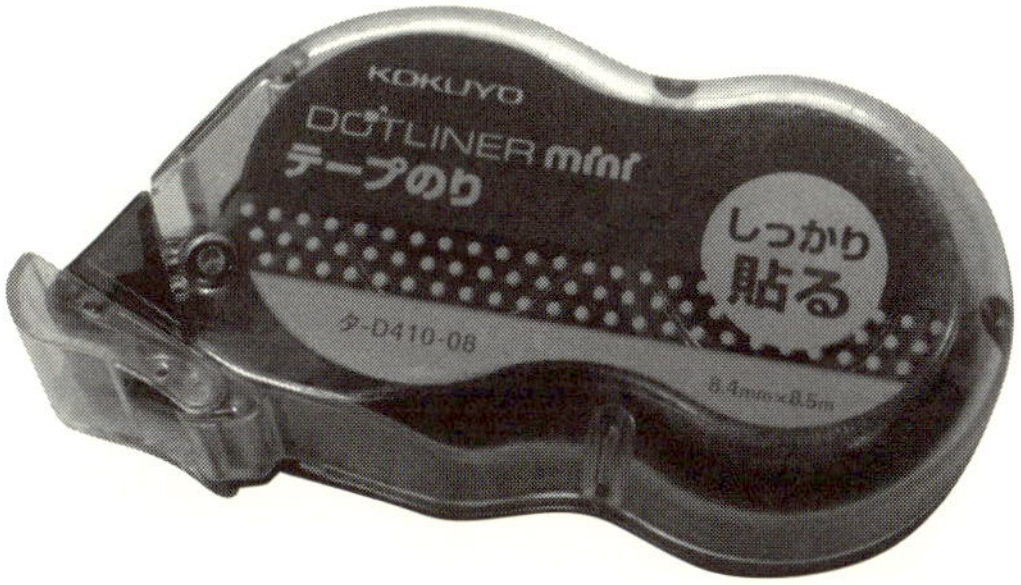

No.15	貼ってはがせる糊
メーカー	住友スリーエム
商品名	はってはがせるスティックのり
用　途	スクラップ、メモ

塗ることで普通の紙を「ポスト・イット化」することができる画期的な糊です。塗った紙は何度も貼り替えが効くので、ノートの「代替わり」時など、メモした紙を簡単に移し替えることができます。仮接着とはいうものの、厚く塗れば、それなりに強力に貼り付くので、普通の糊として使ってもいいかもしれません。ノート以外のメモ用紙に書く場合でも、付箋に書くなり、糊付けするなどして、こまめにノートに貼り替えておけば、メモした紙が散逸するのを防ぐことができます。

No16	1枚切りカッター
メーカー	HILTEX
商品名	セーフティマジックカッター
用　途	スクラップ

デンマーク製の1枚切りカッター。先端に極小の刃が付いていて、切りたいページに押しつけてすべらせると、雑誌や新聞をうまいこと1枚だけ切ることができます。小さくて薄いのでポケットに入れて携帯するのにも便利です。実用品というより、持っていると楽しい小物といったところでしょうか。新聞や雑誌の紙は、縦には手できれいに裂くことができますが、横は難しい。細かく切り抜くときにはこういうものがあった方が便利かもしれません。日本の刃物メーカーも似た商品をつくっているようで、ペンタイプのもの、曲線で切るのに適したタイプなどが売られています。

No.17	ステンレス定規
メーカー	ライオン事務器
商品名	ステンレス直線定規
用　途	スクラップ

本来の使い方かどうかは知らないけれど、紙を切り取るのに、定規は意外と重宝します。定規を切断したいラインに合わせて、上から押さえたまま、めくり取るようにして紙を引っ張る。こうすると、まっすぐに破り取ることができるのです。この作業に向いているのは、紙に当たるところが、比較的鋭利になっている金属製の定規がいいようです。スクラップ作業の時間が短縮できます。その他、カッターナイフを当てたりするときなど、いろいろな作業でステンレス製の定規があると便利です。

No.18	目玉クリップ
メーカー	ミツヤ
商品名	目玉クリップ
用　途	リーディング、抜き書き

あまりほめられたことではありませんが、本のページを開いたまま押さえておくために使っています。あくまで本を傷めるのが気にならない人向け、という条件はつくものの、文庫や新書なら、本のノドを挟めばこれ一つだけで、本を見開き状態のまま固定することができます。本をノートに抜き書きしたり、本を参照しながらパソコンで作業をするときには便利です。金属製のものより、はさむ力の弱いプラスチック製のタイプがいいと思います。

No.19	書道用文鎮
メーカー	大阪教材社
商品名	クリスタル文鎮
用　途	リーディング、抜き書き

ページを開いたまま固定する道具は、いろいろと試しましたが、結局、これに落ち着きました。本を抜き書きしたり、読みながら歯磨きをしたりするのによく使っています。この長いガラスの文鎮の端をページの上に載せておくと、「てこ」の原理で強力にページを固定してくれます。ページと机の段差が大きい場合、文鎮はよくずり落ちますが、写真のように、両端にゴム用接着剤を盛り付けておくと滑り止めになります。

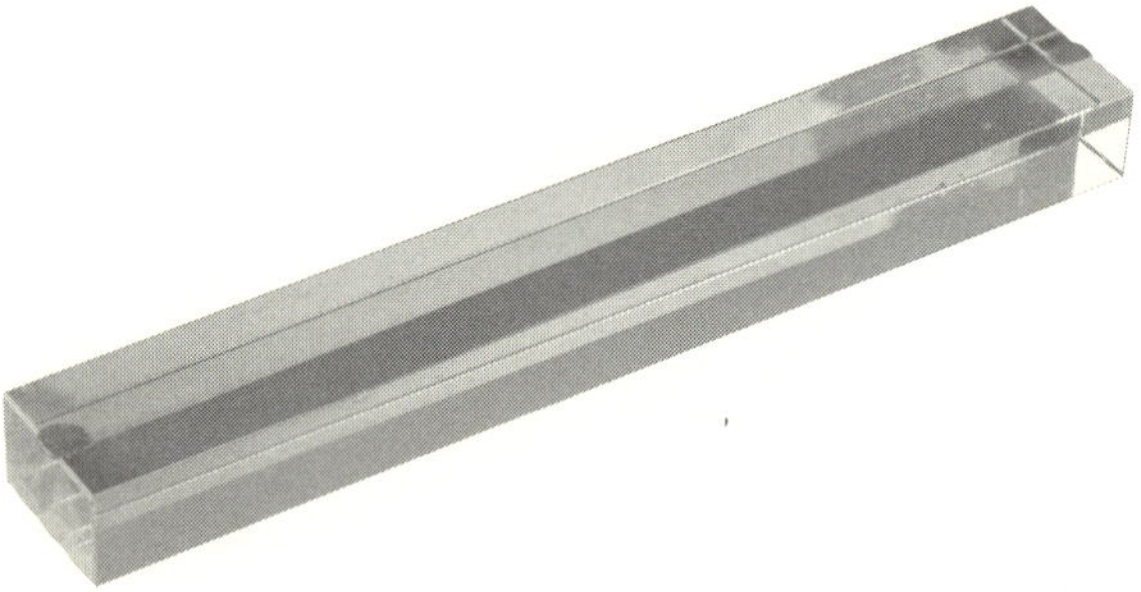

No.20	**手放せなくなる書見台**
メーカー	エレコム
商品名	エレコム書見台
用　途	リーディング、抜き書き

持っていなくてもまったく不自由しないけれど、一度使うと手放せないのが「書見台」というもの。写真のエレコム製ブックスタンドは、堅牢なつくりが特長。使い心地も悪くありません。これなら読みながら快適にお菓子を食べたりできます。ただ単行本や図鑑や辞書などには万全な反面、文庫や新書などの小型の判型には大きすぎるようで、うまく固定できないのがたまにキズ。足を折りたたんでもあまりコンパクトにならないので、置き場所を考えてから入手しましょう。

No.21	携帯できるブックスタンド
メーカー	エジソン
商品名	ほんたった
用　途	リーディング、抜き書き用

携帯できるのが売りの書見台。棒状の状態から、すぐに立体的な書見台へと組みあがるのは壮観です。外出先で使うのは考えにくいかもしれませんが、本を書き写したり、本を見ながらパソコンで入力などをするときには、なかなか便利なものです。普通の書見台は折りたためないので、置き場所に困りますが、この商品だと本棚のすきまに差し込んでおくことができて省スペース。プレゼントなどにもいいかもしれません。

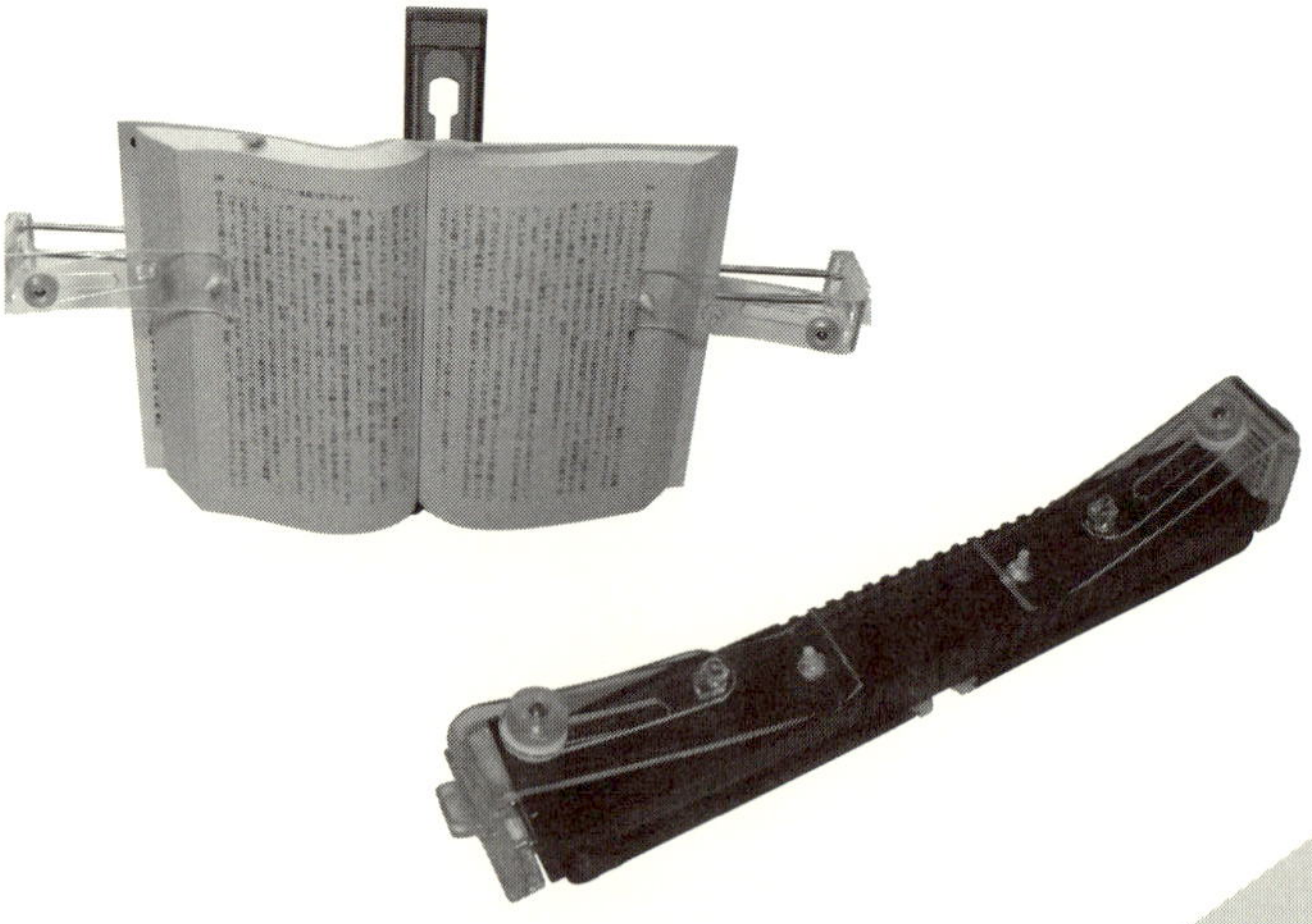

No.22	暗所にはブックライト
メーカー	ルマテック
商品名	リーディングライト
用　途	暗い場所でのリーディング

米国製のブックライトです。単4電池4本でLEDライトが100時間点灯します。照射範囲は本の面積ギリギリくらいで、寝ている人の横で使っていても、まぶしくて迷惑ということはないようです。電気スタンドではこうはいきません。スタンド付きで自立する上、本体に付いているクリップで本に固定することもできます。本は明るい場所で読むに越したことはないけれど、消灯時間を過ぎても、読みたい小説などがある場合、持っていると安心だという人も多いでしょう。

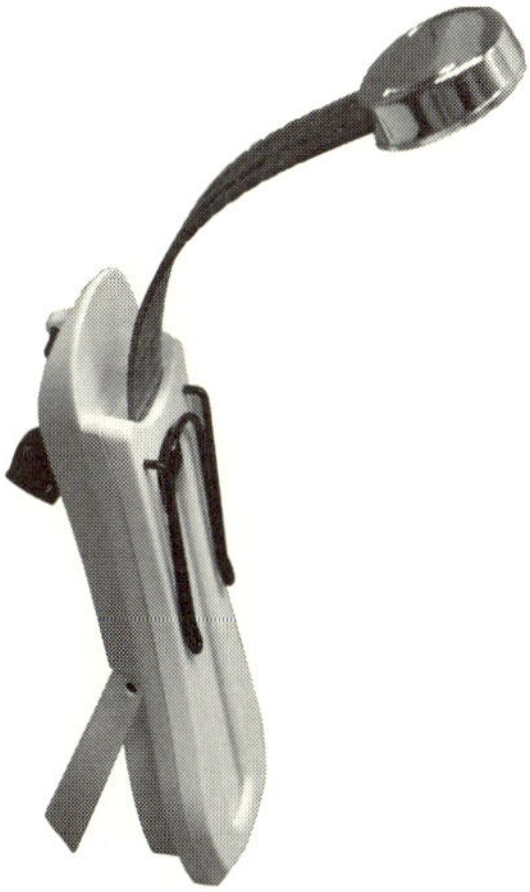

No.23	疲れにくいイス
メーカー	岡村製作所
商品名	コンテッサ
用　途	リーディング、抜き書き

寝ながら読むことはできても、書く作業をするには机やイスが必要です。僕はあまり高い家具には興味はなかったのですが、これを買ってからようやく事務作業をするイスの重要性に気づきました。高いといっても、原付バイクよりは安い。だから、必要か否かの議論はひとまず置いておいて、まずショールームなどで試してみるといいと思います。体験しないと一生わかりません。ライターやデザイナーなど、座って仕事をする人の間では、この岡村製作所のOAチェアのほか外国製の「アーロンチェア」も評判がいいようです。

No.24	ツンドクの味方「平置き本棚」
メーカー	サピエンス
商品名	ブックシェルフ
用　途	ツンドク、保管

本を高く積むことができ、積んでいて、山の中腹の本を取り出そうと思ったときにも、さっと取り出すことができます。通販で見つけて衝動買いしました。現在、ツンドクの山として使用中ですが、「明日からの旅行に、読みかけの本を10冊くらい選んで持って行こう」というとき、「雪崩」を警戒せずにサッサッと引き抜くことができるのがうれしい。普段の外出でも、気分に応じて本を出かける直前にさっと選ぶことができて頼もしい。ただし「ただの台じゃないか」と言われれば、まさにその通り。ツンドクしない人には、何の意味があるのか理解できないかもしれません。

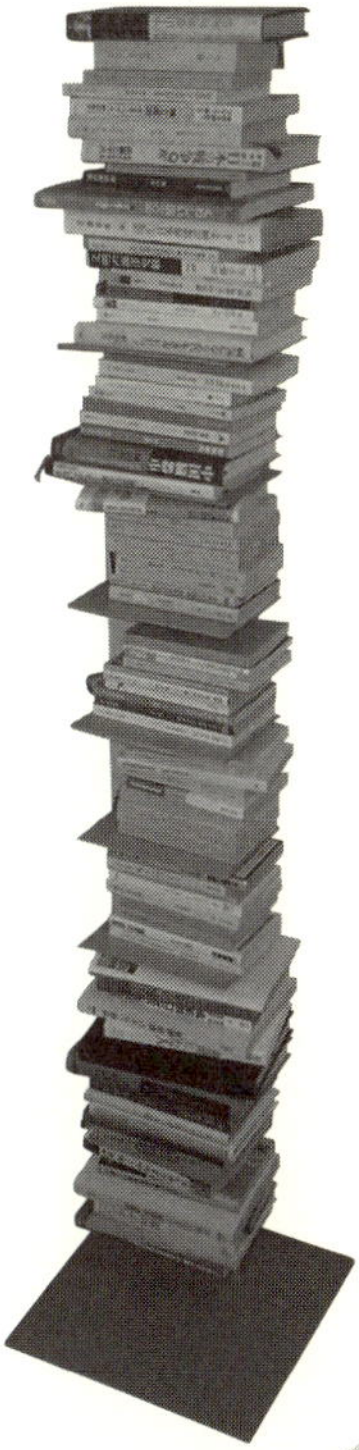

No.25	キッチンタイマー
メーカー	タニタ
商品名	バイブレーションタイマー
用　途	時間管理

情報を摂取するために実用書などを読むときは、タイマーを1時間セットして、一心不乱にナナメ読みすることにしています。タイマーがカウントダウンしていくのを横目で見ながら、ペースを考えて読んでいくと、決まってタイムアップ3分前くらいに読み終わってしまうから不思議です。締め切り効果は、仕事より読書の方が効き目があるのかもしれません。ここに挙げたのはバイブレーション通知に切り替えができるモデル。会社や図書館、新幹線の中、寝室など、さまざまな場面で使えます。

No.26	電子辞書
メーカー	カシオ
商品名	EX-word
用　途	調べもの

写真は8年前に買ったモデル「XD-GT6800」。日本語関係の辞書と百科事典が多めに入っています。これですぐ調べるクセがつくと、読書に旅行に暇つぶしにと、手放せなくなります。読書のお伴に使う条件としては、百科事典が入っていることが重要で、「ブリタニカ」「マイペディア」「現代用語の基礎知識」あたりが入っていれば（追加購入も可能）、スマートフォンで調べるより速く詳しくわかります。興味を広げるために活用しましょう。

おわりに

普段、興味の赴くまま本を選び、好きなように読んで記録している僕にとって、自分の読書術を体系化して説明するというのは、骨が折れることでした。

今回、あらためて完全版をつくる作業でも、それを強く感じました。ものを書くというのはそもそも野暮なものですが、なかでも本の読み方を書くことほど野暮なことはないでしょう。

本編では、ノートを使った「血肉化するための読書術」を紹介してきました。本書で挙げているのは、あくまで僕個人の体験に基づいた方法なので、本書を読んだ人が「作者のやり方より、自分がやっているやり方の方がいい」という感想を持ってもらっても構いません。一部でも参考になるところがあれば、著者として十分な喜びです。

ただ、「あらゆる読書人にとって必ず有益だろう」と自負を持って言えることもあります。

それは、読書生活にノートを取り入れるという一点です。

本書では説明の都合上、五段階のフローに沿って語りましたが、書き終えた今、結局、一番肝心なことは、「読書生活のさまざまな場面でノートを使ってみる」ということなのではないか、と感じています。

読書生活とは、おもしろかった本についての会話であり、通勤電車の読書タイムであり、何気なく書店に入ったりすることであり、ベッドに本を持ち込んだりすることでもあるでしょう。つまり、本好きにとって、生活のすべてです。

この本を読み終わったら、ぜひそんなみなさんの読書生活に、ノートを参加させてほしいのです。

〈本〉と〈自分〉という読書生活の中にある二つの要素に、〈ノート〉という第三の要素を投げ込む。すると、新たに「ノートと自分」「ノートと本」という二本の補助線が生まれ、「本と自分」という関係にも微妙な変化が表れてきます。

その結果、本から離れ、現実の世界に触れるときの感覚もひと味違うものになっていくでしょう。

書評や広告など、本にまつわる情報をスクラップしてノートに集めるのも、文章の抜き書きをしたり、帯を貼って読書ノートをつくるのも、またそれらを読み返すのも、すべては読書生活を、より重層的で濃密なものにするための仕組みだと思います。

ノートを使うことによって、読書生活が充実すれば、本を探す、読む、活用するといった行為はレベルアップし、またそれらをいっそう楽しめるようになるでしょう。
ノートに書くことで、読み方が変わり、さらに考えることが変わる――。
このような変化を生み出していくために、まずノートを持ち歩き、短くてもいいので素直な言葉を書くことから始めてみてください。こんな単純なことで、読書体験が「使える」ものになることに、きっと驚くと思います。

完全版の作業に当たっては、ダイヤモンド社の市川有人さん、アップルシード・エージェンシーの宮原陽介さんをはじめ、たくさんの方のお世話になりました。最後まで読んでいただいた読者のみなさんにも感謝を述べて、筆をおきたいと思います。ありがとうございました。

奥野宣之

平成二五年一一月

［著者］
奥野宣之（おくののぶゆき）
1981年大阪府生まれ。同志社大学文学部でジャーナリズムを学んだあと、出版社、新聞社の記者を経て『情報は1冊のノートにまとめなさい』で著作デビュー。独自の情報整理術や知的生産術がビジネスパーソンを中心に支持を集め、第2弾『読書は1冊のノートにまとめなさい』、第3弾『人生は1冊のノートにまとめなさい』と合わせたシリーズは累計50万部を超えるベストセラーとなった。
ジャーナリストの経験を活かし、ウェブや雑誌のライターとして活動するかたわら“ノート本作家”として、メディア出演・講演などでも活躍中。仕事に活かせるノートや文具の活用法、本とより深く付き合うための読書法、人生を充実させるライフログの技術、旅行や行楽を楽しむための旅ノート・散歩ノートの技術など、発信の幅は広い。
趣味は古墳めぐりと自然観察。ついでに写真撮影。仕事だけでなく家庭や趣味でもノートを使いこなすライフスタイルは、NHKやTBSでも放送され反響を集めた。
その他著書は『旅ノート・散歩ノートのつくりかた』『知的生産ワークアウト』『「処方せん」的読書術』『新書3冊でできる「自分の考え」のつくり方』など多数。

著者エージェント：アップルシード・エージェンシー
http://www.appleseed.co.jp

読書は1冊のノートにまとめなさい［完全版］

2013年11月28日　第1刷発行
2023年8月4日　第5刷発行

著　者——奥野宣之
発行所——ダイヤモンド社
〒150-8409　東京都渋谷区神宮前6-12-17
https://www.diamond.co.jp/
電話／03･5778･7233（編集）　03･5778･7240（販売）
装丁————渡邊民人（TYPEFACE）
本文デザイン—ホリウチミホ（nixinc）
イラスト——須山奈津希（ぽるか）
写真撮影——京嶋良太
製作進行——ダイヤモンド・グラフィック社
印刷————勇進印刷（本文）・加藤文明社（カバー）
製本————ブックアート
編集担当——市川有人

ISBN 978-4-478-02201-6